산업재해로서의
직장 내 성희롱

최윤정

산업재해로서의 직장 내 성희롱

초판 1쇄 인쇄 · 2019년 3월 25일
초판 1쇄 발행 · 2019년 3월 30일

지은이 · 최윤정
펴낸이 · 한봉숙
펴낸곳 · 푸른사상사

주간 · 맹문재 | 편집 · 지순이 | 교정 · 김수란
등록 · 1999년 7월 8일 제2-2876호
주소 · 경기도 파주시 회동길 337-16 푸른사상사
대표전화 · 031) 955-9111(2) | 팩시밀리 · 031) 955-9114
이메일 · prun21c@hanmail.net / prunsasang@naver.com
홈페이지 · http://www.prun21c.com

ISBN 979-11-308-1416-2   93330
값 17,000원

이 도서의 국립중앙도서관 출판예정도서목록(CIP)은 서지정보유통지원시스템
홈페이지(http://seoji.nl.go.kr)와 국가자료공동목록시스템(http://www.nl.go.kr/
kolisnet)에서 이용하실 수 있습니다.(CIP제어번호 : CIP2019010500)

여성학 총서 17

산업재해로서의
직장 내 성희롱

최윤정

The Conceptualization of Sexual Harassment
in a Workplace as Occupational Injury

　얼마 전 한 여성 검사의 용기 있는 발언으로부터 미투 운동
이 사회적으로 확산되기까지, '직장 내 성희롱'이라는 이슈는 그
전에도 존재해왔으나 별로 사회적인 주목을 받지 못했다. 필자
가 여성학을 공부하며 논문을 쓴 2000년대 초반에도 이런 비슷
한 생각을 하였기에 '어떻게 하면 직장 내 성희롱에 의한 피해자
들이 좀 더 사회적으로 자신이 당한 피해를 당당히 말하고 사회
안에서 고통을 치유해나갈 수 있을까?', '그런 분위기를 조성하
기 위한 사회적 조건, 방법, 제도의 실천은 가능한가?'라는 물음
을 가지고 논문을 쓰기로 마음을 먹었다. 이 논문을 쓰기 위해
여러 관계자들을 인터뷰했고 그 과정에서 자료 수집과 내용 구
성에 많은 도움을 받을 수 있었다.

　그로부터 어느덧 15년이 흘렀고, 그사이에 여성학, 페미니즘
도 많이 대중화되고 각 분야별로 여성정책도 제도화되는 진전
이 있었다. 하지만 가끔씩 언론에서 보도되는 직장 내 성희롱
사건을 접할 때마다 사건의 발생, 문제 해결, 피해자 구제 과정
은 예전과 그리 달라지지 않은 것으로 보인다. 최근 정치, 문화,

학계 등에서 속속 드러나는 사건만 보더라도 그렇지 않은가. 피해자들은 10여 년이 지난 과거의 피해를 꺼내어 말하기까지는 힘겨운 고통을 감내해야만 하며, 2차 피해 등 주변의 또 다른 사회적 비난을 감수해야 한다.

다시 논문을 들여다보면서, 조금이나마 달라진 변화를 찾아보려고 하였다. 하지만 직장 내 성희롱을 바라보는 사회적 시선과 해결의 노력에는 별로 달라진 게 없다고 생각하였다. 그렇다면 많은 시간이 흘렀지만, 10여 년 전 내 논문의 문제의식이 아직 우리 사회에서 조금이나마 유효하지 않을까라는 생각으로 책을 출판하기로 하였다. 직장 내 성희롱에 대한 계속된 문제 제기에도 불구하고 여전히 사회적 편견이 남아 있는 현실에서 일상적으로 일어나는 직장 내 성희롱의 문제를 환기시키고자 함이다.

이 책은 직장 내 성희롱을 고용상의 문제로 인식하여 규제하고 있음에도 불구하고 그 해결과 예방이 실질적인 성과를 거두지 못하고 있다고 보고, 실질적인 직장 내 성희롱 예방과 규제를 위한 다양한 해결의 일환으로 직장 내 성희롱의 산업재해적 성격을 살펴보고 이를 어떤 조건에서 산업재해로 적용할 수 있는지에 대해 탐색하고자 했다. 이는 직장 내 성희롱 피해가 잘 드러나지 않는 현실에서 이를 직장 내 성희롱 문제로 인식하고 문제 해결 과정에 적극적으로 포함시키기 위한 하나의 방안이 될 수 있다고 보았다.

제1장에서는 이 책의 핵심적인 물음을 제기하고 직장 내 성희롱에 대한 그동안의 논의와 인식의 한계를 지적하였다. 직장 내 성희롱이 고용상의 성차별의 문제로 접근되어 예방 및 규제에 관한 법제화가 이루어졌음에도 불구하고, 실질적으로 직장 내 성희롱 문제가 해결되지 못하는 현실에 주목하여 이를 해결할 수 있는 한 가지 방법으로 직장 내 성희롱을 산업재해로 볼 필요성을 제기하였다.

제2장은 일반적으로 산업재해에 대한 기본 개념과 의미를 살펴보면서 산업재해가 갖고 있는 기존의 사회적 통념의 한계를 비판하고, 제조업 중심에서 서비스업 비중이 높아지는 노동환경 변화에 따라 새롭게 나타나는 위험요인을 반영한 산업재해에 대한 인식의 변화가 필요하다고 제안하였다.

제3장에서는 1, 2장의 논의를 바탕으로 하여 직장 내 성희롱

을 산업재해로 보는 것이 가능한지, 그러한 실제적인 사례를 찾아봄으로써 직장 내 성희롱의 산업재해적 성격을 조명하였다.

제4장에서는 직장 내 성희롱을 산업재해로 인식, 적용하기 위한 조건으로서, 현재 산재보상제도와 관련된 연구 및 방법론적 한계 등을 지적하고 실질적으로 여기에 여성의 경험을 반영할 필요가 있다고 보았다. 이러한 과정은 산업안전을 여성주의적으로 재구성하는 산업안전에 대한 적극적 조치가 될 수 있다.

마지막으로 제5장에서는 직장 내 성희롱이 산업재해로 인식, 적용될 때 가질 수 있는 효과에 대해 생각해보았다.

직장 내 성희롱은 당연히 '산업재해'로 볼 수 있다고 할지 모른다. 그러나 이 당연한 주장이 우리 사회에서는 아직까지도 새로운 물음과 문제의식일 수밖에 없는지, 그리고 이러한 주장이 왜 유효한지에 대해 이 책이 함께 고민해보는 계기가 되기를 바란다.

직장 내 성희롱이 노동자가 건강하게 일할 수 있는 권리를 침해한다는 점에서 노동권뿐만 아니라 건강권의 차원에서도 실질적으로 고민할 문제라는 인식과 함께, 직장 내 성희롱 피해를

계기로 산업재해에 대한 여성주의의 개입과 실천에 대한 고민
이 확대되길 바란다.

  이 책은 필자가 쓴 2004년 논문 내용을 토대로 하여 그 이후
자료를 업데이트하였다. 따라서 내용 중에 일부 시의적절하지
않은 부분도 있을 것이다. 그런 부분에 대해서는 필자의 한계라
는 점을 밝혀둔다. 미처 담지 못한 사례와 자료들은 향후 독자
들이 찾아내서 드러내준다면 논의가 활발해질 수 있을 것이다.
  마지막으로 묻어둔 논문을 다시 한 번 적극 출판하도록 제안
해주신, 존경하는 여성학자이자 여성주의자로서 멘토인 조순
경 선생님께 감사드린다. 이 책을 통해 노동환경, 산업의학 등
여러 분야에서 직장 내 성희롱에 대한, 그리고 아직까지도 여성
노동자의 드러나지 않은 건강 문제에 대한 담론적 실천과 논의
가 보다 활발해지길 기대한다.

2019년 3월

최윤정

제5장 직장 내 성희롱의 산업재해 적용의 효과

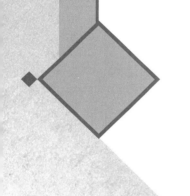

제1장

직장 내 성희롱 피해,
어떻게 볼 것인가

1
직장 내 성희롱 피해를
'말할' 수 있는가?

　직장 내 성희롱에 대한 규제가 있지만, 그 해결과 예방이 실질적으로 잘 되지 않는 이유는 무엇일까? 이 책은 이와 같은 질문에서부터 시작하였다. 법적, 제도적으로 직장 내 성희롱의 예방과 규제가 명시되어 있지만, 우리 사회에서 직장 내 성희롱의 근절은 아직 먼 나라 이야기이며 피해자가 가장 큰 피해를 감수해야 한다. 또 직장 내 성희롱의 고통으로 인한 피해와 후유증역시 공론화하기 꺼려지고 결국 개인 차원의 문제로 남겨지고있다.

　성차별적 고용환경에서 발생하는 문제인 직장 내 성희롱에대해 사회적으로 해결하고자 하는 노력을 확대하고 좀 더 적극적인 규제 방안을 찾을 필요가 있다. 이를 위해서는 직장 내 성희롱으로 인한 피해를 사회적으로 어떻게 해결할 것인지도 중요한 질문이 되어야 한다.

직장 내 성희롱 문제에 대처하는 사회적 인식이 어느 정도 자리잡았음에도 불구하고 그 피해에 대해서는 그동안 별로 공론화되지 못했다. 그 피해라는 것이 명확하지 않거나 아예 피해를 피해로 인식하지도 못했던 것이 사실이다. 그러나 직장 내 성희롱으로 인해 피해자가 겪는 고통스러운 경험은 사건 발생 후에도 사라지지 않고, 그 이후까지 심지어 오랜 시간 지속된다. 피해자들은 신체적 외상 이외에도 우울증, 불면증, 스트레스 등 정신적인 고통을 겪는 경우가 많으며, 오랜 시간이 지난 후에도 후유증에 시달리는 등 실제 많은 피해를 호소한다. 실제로 여성 노동상담 사례들을 보면 직장 내 폭언, 폭행, 성희롱 등으로 인한 전치 1주 이상의 상해와 정신적인 고통에 대한 피해를 호소하는 경우가 많다.

그러나 피해자 대부분이 이러한 피해를 드러낼 수 없는 환경에 처해 있다. 피해자 중 많은 수가 직장을 그만두거나 회사 측으로부터 오히려 보복성 인사 조치를 당하는 등 성희롱의 피해 이후에도 장기적인 불이익과 고통을 받고 있어, 사실상 문제를 '은폐'하고 '축소'하는 경향이 있기 때문이다. 직장 내에서 폭력의 피해자임에도 불구하고 피해를 적극적으로 구제받기보다는 오히려 피해자가 직장을 그만둠으로써 문제를 '끝내'게 되는 상황은 사실 제2의 피해를 당하는 것으로, 고용상의 차별이기도 하다.

직장 내 성희롱의 피해를 어떻게 공적으로 해결할 수 있을까? 그 공적인 해결을 방해함으로써 나타나는 이후의 또 다른 드러나지 않는 피해들을 어떻게 예방 또는 해결해나갈 것인가? 사회적으로 '미투' 운동을 계기로, 직장 내 성희롱에 대해 늘어나는 관심에서 우리는 이런 구체적인 질문들에 대해 함께 답을 찾아가야 할 때다.

일반적으로 '성폭력 피해'는 대부분 피해가 발생한 바로 그 순간과 피해가 알려진 시점에 초점을 맞추고 있어서, '피해 이후, 문제의 공론화 이후'에 대해서는 별로 주목하지 않는다. 직장 내 성희롱 피해자들이 문제 제기 이후 겪는 다양한 피해와 불이익들은 장기적이고 복합적인 성격을 갖고 있기 때문에, 공론화 이후의 피해 역시 '직장 내 성희롱 피해'로 언어화할 필요가 있다.[1] 직장 내 성희롱을 근절하기 위한 여러 가지 제도적 노력과 관심에는 가해자, 사용자의 처벌과 징계와 함께 피해자의 피해에 대

---

1 사건 발생 이후, 공론화 이후에 겪는 피해와 불이익에 대해서도 '성폭력, 성희롱 피해'로 언어화해야 한다는 주장은 전희경(2003)의 연구를 참고하였다.

한 공적 해결 역시 중요한 문제로 대두되어야 한다.[2]

---

2 배지선(2003)은 여성운동에서 성폭력 사건의 해결이 가해자의 처벌에
    초점을 맞추어왔다고 지적한다. 그의 연구에서는 성폭력 경험을 재구
    성, 인식하는 과정에 있는 연구 참여자들이 사건의 해결에 있어서 가해
    자의 처벌이 아닌 피해자 개인의 치유적 측면이 간과되어왔다는 비판적
    인식을 갖고 있음을 보여주고 있다. 이러한 내용은 필자의 문제의식에
    많은 영향을 주었다.

제1장 직장 내 성희롱 피해, 어떻게 볼 것인가

2

직장 내 성희롱에 대한
인식과 구제의 노력

　직장 내 성희롱 문제는 1970년대 후반 미국에서 제기되기 시
작하면서 1976년 미국 법원 최초의 성희롱 판결인 윌리엄스 대
색스비(Williams v. Saxbe) 판결(413 F.Cases 1093(DDC 1976))을
계기로 고용상 성차별의 문제로 인식되기 시작하였다.

　직장 내 성희롱은 권력관계 ─ 남성과 여성의 성별 권력관계
또는 직장 내 상·하급관계 ─ 에 의한 문제로, 개인의 인격을 침
해하는 문제일 뿐 아니라 남녀차별의 문제라는 인식으로 접근
되었다.

　이러한 시각이 바탕이 되어 서구를 중심으로 직장 내 성희롱
문제에 대해 입법화가 이루어지게 되었고, 그 영향으로 1995년
9월 세계여성행동강령에서는 각 국가에 직장 내 성희롱에 관한

법적 대책을 마련할 것을 촉구하였다.[3] 1997년 일본에서도 남녀 고용평등법을 개정하여 성희롱에 관한 법제화가 이루어졌다(김엘림, 1998 : 6).

우리나라에서 '성희롱'이라는 용어는 1990년대 이후 서울대 신 교수의 성희롱 사건이 대대적으로 다루어지게 되면서부터다. 그 뒤 성폭력범죄의 처벌 및 피해자 보호 등에 관한 법률(이하 성폭력특별법 1994년), 남녀차별금지및구제에관한법률(1994년) 등이 제정되면서 성폭력, 성희롱이 여성의 권리를 침해하는 폭력이자 차별의 문제라는 인식이 생기게 되었다.

그 뒤로 2000년대 롯데호텔 성희롱 사건에서 사업주(사용자)의 책임을 인정하여 법원에서 일부 승소 판결이 나고(2002년), KBS 강○○ 전노조부위원장 성폭력 사건이 가해자의 명예훼손 역고소로 인해 다시 범죄 사실 여부에 대한 법적 판단을 받게 되었으며, 2003년 S대 K교수 성폭력 사건의 민사소송 재판에서 가해자에게 손해배상을 선고한 사안 등 성희롱 사건이 법정 소

---

3 1995년 9월 제4차 세계여성회의에서 채택된 「세계여성행동강령」은 "여성과 경제부문"(F)에 있어서 "성희롱의 경험은 근로자의 존엄성에 대한 모욕이며 여성이 그들의 능력에 비례하는 기여를 하는데 장애가 된다"(제161항)고 규정하고 정부가 취할 전략으로서 "모든 작업장에서의 성적 기타 형태의 희롱에 대한 법을 제정하고 실행한다"(제180항(c))라는 것을 제시하였다(최동주, 2000 : 44~45).

송을 통해 사회적으로 문제화되기 시작했다.[4]

그리고 2018년에 이르러 법조계에서도 현직 검사를 통해 직장 내 성희롱이 조직 내에 수년간 만연해 있었다는 사실이 폭로되어 또다시 사회적 반향을 맞게 되었다. 이 과정은 직장 내 성희롱을 개인적인 문제 정도로 치부하여 문제의 심각성을 왜곡하고 은폐시켜왔던 그간의 반응들에 일침을 가하게 된 것이기도 하다.

직장 내 성희롱은 고용상의 성차별의 문제로 접근되어왔다. 이는 '직장'이라는 특수한 사회적 공간에서 발생한 것으로 그것이 노동환경 전반에 심각한 영향을 미치고, 성희롱의 주된 대상이 되는 여성 노동자에게 고용상의 차별적인 요소로 작용한다

---

4 롯데호텔 여직원 성희롱 사건에 대해 사업주(사용자)의 책임을 인정하여 법원에서 일부 승소 판결을 내렸다(「직장性희롱 회사도 책임 : 롯데 호텔 女직원 40명 법원서 일부승소 판결」, 『세계일보』, 2002.11.27). KBS 강○○사건은 강간미수·성추행 등 현행법상 불법행위로 인해 피해를 입고도 피해자들이 이를 문제 삼고자 했을 당시 이미 성폭력특별법상 고소기간(1년)과 고용평등법상 제소기간(3년)을 모두 넘긴 상태로서, 법적으로 가해자를 처벌할 방법이 없는 상황에서 오히려 가해자의 '명예훼손 역고소'를 통해 그 범죄사실 여부가 법적 판단의 대상이 되었다(전희경, 2003 : 4). 또한 S대 K교수 성폭력 사건은 2003년 2월 5일 민사소송 재판에서 가해자에게 손해배상액 2228만 원이 선고되었으나, 논문심사와 교수임용에 있어서 불이익을 받을 수 있다는 피해자의 주장은 미래에 대한 추측으로 기각되었다(http://cafe.daum.net/sghope).

는 점에서 노동권의 문제이다(Mackinnon, 1979; 이성은, 1995; 여성특별위원회, 2000; 김창연, 2003; 국미애, 2003). 이와 같은 인식의 결과로 직장 내 성희롱, 성폭력에 관한 남녀고용평등법(현재 남녀고용평등과 일·가정 양립 지원에 관한 법률, 이하 남녀고용평등법)과 남녀차별금지및구제에관한법률(이하 남녀차별금지법) 등의 관련법이 제정되었으며, 이후 관련 법 제·개정을 거쳐 성희롱 금지에 관한 규정은 국가인권위원회법, 양성평등기본법, 남녀고용평등과 일·가정 양립 지원에 관한 법률에 규정되어 있다. 직장 내 성희롱은 고용노동부나 여성가족부, 국가인권위원회 등 국가기관에 진정, 시정 조치 그리고 법적 소송을 통해 문제 해결이 가능하도록 제도화되어 있다.

사실 직장 내 성희롱은 발생한 '후' 해결하기보다 발생하기 '전'에 예방하는 것이 보다 효과적이기 때문에 실효성 있는 예방 및 규제 방안을 마련하는 것이 중요하다.

그간의 여러 연구들에서 현행 법제화의 실효성을 높이기 위해 미국 EEOC의 권리구제제도, 집단적 손해배상소송제도 등의 사례와 사용자 책임을 높이기 위한 징벌적 손해배상 도입 등 다양한 제도 도입을 제안하기도 하였다(김엘림, 2001; 강동욱, 2001; 최동주, 2000; 국미애, 2004; 이혜경, 2014). 이러한 연구는 공통적으로 현행 직장 내 성희롱에 대한 사용자 책임이 직장 내 성희롱을 효과적으로 규제하지 못할 뿐 아니라 피해자가 겪는 보이지 않는 고용상의 불이익을 구제하는 데까지 미치지 못하고 있다고 보고 있다.

직장 내 성희롱을 바라보는 사회적 시선과 이에 대한 해결은 여전히 갈 길이 멀다. 물론 법의 제정 및 시행과 몇몇 사건이 이슈화되면서 점차 직장 문화와 직장 내 성희롱에 대한 인식이 변화하고 있기도 하지만, 여전히 피해 실태는 높게 나타난다. 한국여성정책연구원이 전국 3,500명을 대상으로 실시한 『2013년 성폭력 실태조사』에 따르면, 평생 동안 성희롱을 경험한 비율은 전체 중에서 5.3%로 조사 결과, 이 중 여성이 68.2%로 추정된다고 밝혔다. 여기서 피해자의 대부분은 평소 알던 사람에게, 이 중에서도 직장 동료, 학교 선후배 등에 의해 피해를 당한 것으로 나타났다(한국여성정책연구원, 2013).

여성가족부가 최근 2018년 3월부터 5월까지 실시한 공공부문, 전국 기초지자체 시·군·구 공무원 대상 성희롱, 성폭력 피해경험 등에 관한 온라인 조사 결과, 공공부문은 6.8%가, 기초지자체 공무원은 11.1%가 지난 3년간 직접적인 성희롱, 성폭력 피해를 경험한 것으로 나타나 일반적인 성희롱 피해 비율보다 높게 나타나고 있음을 알 수 있다. 이러한 숫자는 직장 내 성희롱의 피해 실태가 절대 낮은 수치가 아님을 말해준다. 지난 2012년 10월 우리나라 국정감사에 제출된 고용노동부 자료에서 직장 내 성희롱 신고 사건 수는 2009년 151건에서 2010년

173건, 2011년 201건으로, 2년 사이 약 33.1%나 증가하는 등 해마다 늘어나고 있다.[5] 기존의 성희롱에 관한 연구들에서 성희롱 피해자들 중 5%(Fitzgerald et al., 1988), 7%(Gruber and Bjorn, 1982), 18%(Gutek, 1985) 정도만이 공식적으로 보고를 한다고 지적한 바 있다(Dansky & Kilpatrick, 1997 : 158). 이를 감안할 때 피해 실태가 증가하고 있는 것은 성희롱이 공론화되었다는 측면에서 중요한 변화라고 볼 수 있지만, 최근 사회적으로 촉발되고 있는 '미투' 운동을 통해서만 보더라도 아직까지 각 분야에서 직장 내 성희롱이 신고된 사건 외에도 드러나지 않고 있는 경우가 많다고 볼 수 있다.

직장 내 성희롱에 대한 사업주의 책임, 예방 의무와 교육에 대한 법적, 제도적 규제가 강조된다고는 하지만, 실효성 있는 제도적 장치는 아직 부족해 보인다. 실제로 성희롱 문제가 발생하고 이를 해결해나갈 때 사업주가 소극적인 자세에 머문다는 지적도 많다. 문제 해결에 적극적이지 않고 방관하거나 심지어 가해자의 편을 들고 피해자에게 선처를 요구하는 등 피해자에게

---

5 「직장 내 성희롱 신고건수 2년새 33% 급증, 고용노동부, 규정 어기며 업무처리 지연도 발각!」, 2012년 환경노동위원회 국정감사 – 고용노동부 국정감사 보도자료(주영순 국회의원), 2012.10.8, http://blog.naver.com/ijysoon?Redirect=Log&logNo=120170580878&fr om=postView(이혜경, 2014 : 1에서 재인용)

'2차 가해'를 하는 사례를 쉽게 접할 수 있듯이, 고용상의 문제로서 직장 내 성희롱에 대한 법제도적 구제가 마련되어 있어도 현실적으로 이를 드러내고 문제화하기 어려운 상황은 지속되고 있다.

3

직장 내 성희롱에 대한 인식의 '유리 천장' 극복하기

제도적인 '성과'에도 불구하고 그것이 적용되기 어려운 현실, 직장 내 성희롱의 문제에는 보이지 않는 인식상의 '유리 천장(glass ceiling)'이 견고하게 존재한다. 직장 내 성희롱에서 이 '유리 천장'을 깰 수 있는 방법은 없을까?

무엇보다도 성희롱 문제가 해결되지 않는 이유 중의 하나는 가해자보다 피해자를 '우선적으로' 비난하는 성문화에 있다. 그렇기 때문에 문제 제기했을 때에도 그 해결이 어려울 뿐 아니라 문제 제기 과정에서 피해자가 또 다른 피해를 입게 된다. 직장 내 성희롱이 아무리 사회적인 차원에서 논의되고 있다고 하지만, 이를 해결하는 과정에는 여전히 개인의 문제, 사적인 문제로 환원하려는 현실적 장벽이 그대로 남아 있다.

직장 내 성희롱은 직장 내 위계 구조와 이에 기반한 경제적 권력, 그리고 성 역할 분리와 이에 기반한 가부장적 권력이라는 이중 구조에 의해 발생하는 문제이다(심영희, 1994 : 10). 그래서 이것이 노동 문제임에도 불구하고 성차별적 의식이 만연한 가부장제 사회에서는 여타의 노동 문제와 다르게 개인의 문제로 여겨지기 쉽다. 직장이라는 특수한 공간에서 발생한 사고인데도 이를 단지 남녀관계로 보려고 하는, 사회의 일반적인 통념 안에서는 피해자 역시 이를 개인의 잘못으로 받아들이고 수치스러운 경험으로 여기는 정도로 끝낼 수밖에 없다.

남성 중심적 조직문화 속에서 직장 내 성희롱 피해 여성은 이를 구조적인(공적인) 성차별의 문제로 보기보다는 개인적인(사적인) 문제로 내면화하기 쉽기 때문에, 그 피해 사례가 빈번함에도 불구하고 이에 대해 공적으로 문제 제기하기 어려울 수밖에 없다(이성은, 1995). 이런 상황이 반복되면 될수록, 성차별적 고용환경을 개선하고 극복하기보다는 지속할 수밖에 없는 악순환으로 이어지게 된다.

사적인 문제로 치부되고 있는 직장 내 성희롱의 피해는, 직장 내 성희롱으로 인해 궁극적으로 노동을 지속하지 못하게 되어 피해여성 혹은 피해자의 노동권을 침해한다. 이뿐만 아니라 피해자에게 적절한 피해 구제책이 없음으로 인해 안전한 노동환경에서 노동자의 건강을 위협하는 문제가 될 수 있다. 이를 적

극적으로 해결하지 않는다면 직장 내 성희롱은 실질적인 고용
상의 성차별을 지속하는 상황으로 이어지게 된다. 직장 내 성희
롱의 피해를 적극적으로 인식하고 해결해야 할 이유는 바로 여
기에 있다.

4

직장 내 성희롱 피해, 산업재해로 본다면?

그렇다면, 직장 내 성희롱을 실질적으로 해결하기 위한 하나의 방안으로 '산업재해'로 적극 인식하고 피해를 구제하고 예방하도록 할 수 있지 않을까? 직장 내 성희롱의 피해는 노동조건의 문제로 일종의 '산업재해'에 해당된다고 볼 수 있다. 일반적으로 '산업재해'란 업무상의 사유에 의한 근로자의 부상·질병·신체장해 또는 사망을 의미하며, 직장 내 성희롱은 "업무과정에서 인간에 의해 근로자가 신체적, 정신적으로 부상당하는 것"이라고 볼 때, 분명히 산업재해의 하나로 이해될 수 있다(조순경, 1999). 그러나 노동환경 안에서 발생한 사고임에도 불구하고, 직장 내 성희롱을 산업재해로까지 인식하지는 못해왔다. 직장 내 성희롱이 '직장 내'에서 발생함에도 불구하고 다른 피해보다 더 드러나지 않는(혹은 드러나기 어려운) 것은, 그것이 특정 여성 혹은 피해자에게 피해를 가한 '사고'임에도 불구하고 노동자에게 중요한 영향을 미치는 피해라고 인식되지 않기 때문이다.

산업재해는 노동재해로서 우리나라의 산업재해보상보험 제도(이하 '산재보상제도')를 통해 피해를 구제받게 되는데, 직장 내 성희롱을 산업재해로 적용하게 되면 피해자도 안전한 노동환경에서 일할 수 있는 권리를 침해받지 않고 피해에 대해 공적인 해결을 할 수 있을 것이다. 또한 '노동자가 안전한 환경에서 일할 수 있는 권리'를 보장받기 위한 산업재해 예방의 차원에서도 성차별적으로 구성된 노동환경으로 인해 여성 노동자의 안전을 위협하는 성희롱과 같은 위험요소를 고려하여 예방에 보다 적극적인 노력을 기울일 필요성을 제기하고 이를 강화하게 된다. 이는 직장 내 성희롱에 대한 해결이 다양하게 접근될 수 있다는 점을 시사하는 것이기도 하다.

5
연구 물음에 대한
답을 찾아가는 과정

지금까지 직장 내 성희롱으로 인한 노동자의 피해가 상대적으로 비가시화되었을 뿐만 아니라 개인의 차원으로 축소됨으로써 그 문제를 사실상 심각하게 인식하지 않았다고 보고, 이를 한 개인의 피해가 아닌 노동권 및 건강권의 침해로 보는 것에서부터 출발하고자 한다. 직장 내 성희롱 문제가 고용차별의 문제라는 인식이 근간에 있음에도 그 피해에 대해서는 드러나지 않거나 여전히 개인 스스로 해결해야 하는 문제로 여기고 있다.

나가살리아(Nagasaila, 1991)는 직장 내 성희롱으로 인해 겪는 피해는 대부분의 여성 노동자가 직면한 '산업재해(occupational hazards)'의 한 유형으로 고려될 수 있다고 보며 안전권 차원에서 이미 논의한 바 있다(이혜경, 2014). ILO(2010 : 3)의 「직장 내 성희롱 예방 지침」 역시 안전한 근로환경을 조성하는 것이 유익한 노사관계를 형성하는 데 매우 영향력이 크다는 점을 강조하고 있다. 그리고 이를 위해 주요하게 고려되어야 할 것 중 하나로 직장 내 성희롱으로부터 자유로운 상태를 포함하여 차별로부터 자유로운 근로조건을 형성해야 한다고 밝히고 있다.[6]

직장 내 성희롱으로 인한 피해가 노동자 개인의 문제임과 동시에 그것이 한 개인의 노동의 수행과 어떠한 관계가 있는지를 살펴봄으로써 노동재해, 즉 업무와 관련된 피해라고 보고, 이를 산업재해로 인식하여 해결할 수 있다면 어떠한 효과가 있을까?

여기서는 직장 내 성희롱을 해결하기 위한 또 하나의 방안으로서, 직장 내 성희롱을 산업재해로 적용할 수 있는 현실적인 조건을 탐색하려고 한다. 직장 내 성희롱을 산업재해로 볼 수 있는 충분한 근거가 있는지, 그렇다면 이를 '적극적으로' 인식·적용하기 위해서는 어떠한 조건이 필요한지 찾아볼 것이다.

먼저 직장 내 성희롱이라는 사건 발생과 그로 인한 결과가 산업재해에 해당하는 것임을 밝히기 위한 근거를 살펴보기 위해 직장 내 성희롱과 산업재해에 대한 기존 연구들을 살펴보고, 우

---

6 이 지침에 따르면, 차별로부터 자유로운 근로조건은 '괜찮은 직장 (decent work)'의 일직선상에 놓여 있는 '기둥(pillars)'과도 같다(이혜경, 2014 : 24에서 재인용).

리나라에서 산업재해의 개념이 어떻게 적용되고 있는지 그와 관련된 법률과 판례를 살펴보았다. 국내 관련 판례는 한국산업안전공단과 인터넷 산재상담 사이트(인터넷 산재뱅크), 노동법률 사이트 e−labor 등을 이용하여 찾아보았다. 외국 판례의 경우, 필자의 시공간적 제약으로 인해 http://www.findlaw.com 등의 인터넷 판례 검색 사이트를 이용하였다. 이 과정에서 검색을 통한 판례에만 기초하여 내용을 이해했기 때문에 판례에서 다루고 있는 사건이나 주제에 대한 민감성, 또는 그 사회의 특수한 맥락, 상황에 대한 고려를 충분히 하지 못했을 수 있다는 한계가 있다.

직장 내 성희롱의 피해 실태를 살펴보기 위해서는, 그 피해를 드러내기 어려운 현실적인 이유로 다양한 통로로 자료를 수집할 수밖에 없었다. 산업재해가 대체로 의학적으로 나타나는 (설명되는) 피해에 초점을 맞추고 있는 상황에서 성희롱에 관한 의학적인 피해 자료로는 사실 해외 자료 외에 국내 자료는 거의 찾기 어려웠다. 이 과정에서 직장 내 성희롱과 관련된 의학 관련 자료 수집에 당시 하버드대학교(Havard School of Public Health)의 전희진 선생님에게 많은 도움을 받았다.

성희롱의 피해가 현재의 의학의 기준에 맞춰 충분히 설명되지 않고 있어서, 또는 의학적으로 설명할 수 없다는 이유로 국내에서 이러한 자료를 찾는 건 어려운 일이었다. 그만큼 직장 내 성희롱의 피해가 별로 가시화되어 있지 않은 현실에서 피해 상황을 알 수 있는 방법은 상당히 제한적일 수밖에 없었다. 자료의 부족, 인식의 부재 등 제한된 조건으로 인해 실제로 나타나는 피해는 마치 '알 수 없거나' '존재하지 않는' 것으로 여겨질 수 있다. 하지만 객관화된 자료가 충분치 않다고 해서 연구할 수 없다고 보는 게 아니라, 제한된 상황을 인식하고 연구자로서 자료 수집을 해나가는 과정을 밝히는 것도 연구에 중요한 부분이다. 연구자가 특정한 '물음'을 가지고 자료와 만나는 과정을 드러내는 것은 연구의 한계로 지적될 수도 있다. 하지만 오히려 피해자가 스스로 드러내고 자신의 피해를 말하기 어려운 상황, 그리고 이에 대한 가시적인 자료가 부족한 상황을 드러내는 것이야말로 내용의 객관성을 더욱 갖는다고 생각한다.

이렇듯 부분적이고 제한적인 조건이었지만, 필자는 연구자로서 가능한 한 다양한 방법을 통해 피해 현실을 알고자 했다. 이를 위해 성희롱에 관한 기존 연구 외에 여성단체, 관련 부처 등에 공개된 고용 상담 내용을 검토하였고, 직장 내 성희롱 피해자를 상담하는 상담가, 활동가 등을 통해 피해 상황을 간접적으로 접할 수 있었다. 그리고 이들은 제한된 조건 속에서 피해 상황을 알 수 있는 중요한 자료가 되었다.

마지막으로 직장 내 성희롱과 산업재해를 관련짓는 기존 논의가 한정되어 있는 상황에서, 현실을 이해하고 이를 구체적으로 문제화할 수 있는 논거를 마련하기 위해서 당시 산업재해, 단체 내 성희롱 업무 담당자 및 관계자와 인터뷰도 진행했다.[7] 인터뷰가 주된 연구 방법은 아니었지만, 직장 내 성희롱의 피해와 이를 구제할 수 있는 현실을 알 수 있는 중요한 방법이 되었고, 인터뷰 내용은 때에 따라서 연구에서 이론적인 사실을 현실에 적용했을 때의 문제점에 대해 지적하는 자료로 활용되었다.

---

7 필자는 석사논문을 위해 2003년 당시 국내 산재보상사업을 위탁받아 담당하고 있는 근로복지공단의 담당자, 직장 내 성희롱의 상담, 해결을 진행하는 여성단체 담당자를 인터뷰하였다. 논문 준비 당시 2003년 9월에 직장 내 성희롱과 관련하여 산업재해로 접수된 1건의 사례와 관련하여 이 사건을 준비했던 담당자들과 인터뷰를 함으로써 직장 내 성희롱을 산재로 인식하고 보상을 받는 것이 보편적이지 않은 당시 현실에서 그러한 시도의 배경과 진행과정을 이해할 수 있었다.

산업재해란 무엇인가

1
산업재해의 의미와 개념

　직장 내 성희롱은 직장이라는 공간으로 매개된 업무 관계에 의해 발생한 것으로, 그로 인한 피해가 신체적, 정신적으로 나타난다면 업무 관계에 의해서 발생한 상병에 해당한다. 그렇다면 직장 내 성희롱은 산업재해의 성격을 띤다고 말할 수 있다. 그러면 실질적으로 직장 내 성희롱을 산업재해로 보는 것은 가능한가? 이를 위해서는 우선 산업재해의 개념과 내용을 먼저 살펴보아야 한다.

　노동자가 노동 과정에서 예기치 못한 사고 등으로 인해 부상을 입거나, 질병에 걸리거나 혹은 사망하게 되었을 때, 근로기준법 8장 재해보상에 의하면 근로계약상에 명시된 사용자는 근로자를 안전한 환경에서 보호해야 할 의무를 다하지 못한 책임을 근거로 노동 과정에서 일어난 노동자의 재해에 대해 책임을 지게 된다. 이와 같은 노동재해는 설령 근로자에게 과실이 있다고 하더라도 사용자가 이를 근거로 책임을 피할 수 없도록[1] 사업주의 무과실 책임으로 규정되어 있다.

이처럼 산업재해는 일반 재해와 달리 노동재해(업무상 재해)라는 점에서 근로기준법상의 근로자를 전제한 개념이다. '근로자'란 근로기준법상으로 근로 관계에 있는 상태, 다시 말해 사업 또는 사업장에서 임금을 목적으로 하여 근로 제공 관계에 있는 것을 요건으로 한다. 근로 제공 관계란, 사업주체의 지휘 명령에 따라 구체적인 근로를 제공하는 것으로 사용 종속 관계 상태에 있는 것을 말한다. 현행법에서 산업재해는 근로기준법이 적용되는 사업장에서 '근로자'에 한해 적용된다. 그렇기 때문에 현재로서는 법적으로 근로자성에 해당되지 않는 경우는 산업재해 보상을 받을 수 없다.

---

1 근로자에게 과실이 있어도 사용자는 이를 이유로 보상 책임을 면할 수 없다(1989.07.11, 대법 88다카 25571). 대법원 판결문 요지에 따르면, "업무상 부상 또는 질병에 걸린 근로자의 개호를 위한 비용의 보상은 근로기준법상의 요양보상에 해당하고(근로기준법 제78조, 같은 법 시행령 제55조) 사용자가 근로자에 대하여 근로기준법상의 요양보상을 하는 경우 근로자에게 과실이 있다고 하여 그 과실비율에 상당한 금액의 지급을 면할 수 없다"고 하고 있다.

산업화의 진전에 따라 고용구조가 변화하면서 근로자와 사업주라는 전통적인 이분법으로 구분하기 어려운 고용 형태가 대두하면서 골프장 캐디, 학습지 교사, 보험설계사와 같은 특수고용직 종사자에 대한 근로자성이 인정되는 판례가 늘어나고 있는 추세다. 우리나라와 가까운 일본의 노동자재해보상보험에서는 이미 근로기준법의 노동자의 의미를 실질적 관계로 해석함으로써, 아르바이트 등의 노동 형태에 관계없이 실질적으로 임금을 받고 사업자의 지배를 받는 자에게도 재해보상을 적용하고 있다(이홍무, 2002).

현재 우리나라의 산업재해 관련법으로는 산업재해보상보험법과 산업안전보건법이 있으며, 이 둘은 산업재해를 다루는 목적으로 구분된다. 산업재해보상보험법이 근로자가 산업재해를 당한 결과에 대한 보상에 목적을 둔다면, 산업안전보건법은 산업재해를 예방하여 근로조건을 개선하기 위한 법이다. 이 두 법에서 정의하는 산업재해의 개념은 다음과 같다.

산업재해보상보험법 제5조 1항에 따르면, 산업재해를 업무상 재해로 표기하면서 "업무상의 사유에 따른 근로자의 부상 · 질병 · 장해 또는 사망"이라고 정의하고 있다. 산업안전보건법 제2조에서는 "근로자가 업무에 관계되는 건설물 · 설비 · 원재료 · 가스 · 증기 · 분진 등에 의하거나 작업 또는 그 밖의 업무로 인하여 사망 또는 부상하거나 질병에 걸리는 것"으로 정의하고 있다. 두 법에서 모두 산업재해 개념이 유사하지만, 산업재해가 노동자에게 실제로 어떻게 적용, 인식되었는지를 보기 위해 여기서는 산업재해보상보험법(이하 산재보상법)에서 다루는 내용을 중심으로 살펴볼 것이다.

산재보상법에서 산업재해는 크게 '업무상 사고'와 '업무상 질병'으로 구분된다. 업무상 사고는 사업주의 지배 관리하에서 업무 수행 중 또는 관리상 하자로 사고가 발생하여 근로자가 부상당한 것을 말하며, 업무상 질병은 흔히 말하는 직업병과 같이 업무 수행 과정에서 유해 요인에 노출되어 질병, 건강장해를 유발한 경우와 업무상 사고나 부상으로 인해 질병이 생긴 것을 말한다. 부상에 의한 질병의 경우는 그 질환이 시간적, 기능적으로 관련되어 있다는 의학적 인정이 필요하다. 대부분의 업무상 질병은 현재 산재보상법에서 제시되어 있는 업무상 질병의 범위를 기준으로 하고 있다.

이처럼 산업재해는 말 그대로 업무와 관련하여 다치거나 질병으로 이환된 모든 경우에 해당하는 포괄적인 의미이다. 그러나 이러한 입법적 정의는 산업재해의 발생에 관한 중간 단계에 대한 언급이 결여되어 있기 때문에, 판단하는 데 있어서 특정한 구성 요건을 만족해야 한다(전광석, 1993 : 149; 이경종, 1989 : 17). 그렇다면 실제로 인정되는 산업재해의 범위가 어디까지인지 알기 위해서는 현행법에 의해 산업재해를 판단할 때 중요하게 고려하는 내용이 무엇인지 살펴볼 필요가 있다.

1) '업무상 사유에 의한' 사고 또는 질병

산재보상법의 정의에서 '업무상 재해' 개념은 "업무상 사유에 의한" 것으로 규정되어 있다. 이 개념은 1981년 이전 구(舊)법에서 "업무 수행 중 그에 기인하여 발생한 재해"로 정의한 것에 비해 그 적용이 비교적 완화된 내용이라고 볼 수 있다. 구법에서는 업무상 재해를 ① 업무 수행성과 ② 업무기인성의 두 가지 구성 요건을 성립해야 하는 것으로 보았지만, 이 요건이 업무상의 사유로 포괄되면서 업무상의 사유가 인정되면 산업재해로 보기 때문이다.

그러나 "업무상의 사유"를 구체적으로 판단하는 기준이 명확히 제시되지 않고 있어서 통근재해나 과로사 등을 산업재해로 보는 데에는 적지 않은 어려움이 있어왔다. 업무상의 사유를 어디까지 볼 것인지, 업무상의 사유를 판단하는 관점에 따라 통근재해나 과로사 같은 애매한 사고를 산업재해로 판단하는 결과과가 달라질 수 있었던 것이다. 예를 들어, 2000년대 초까지 우리나라는 현행법상 통근재해를 셔틀버스 내에서의 사고만 인정하고 있어서 아주 엄격하게 적용하는 편이었다(김호경, 2002 : 19). 이에 반해 일본은 통근재해를 전부 인정하고 있고, 세계 최초로 산재보험을 도입한 독일도 출·퇴근 시 발생한 사고뿐만 아니라 출·퇴근할 때 자녀를 학교에 데려다주거나 데려오는 경우, 직장 동료를 집까지 데려다주기 위해 우회하다가 발생한 사고도 통근재해로 볼 정도로(정홍주, 2002 : 7) 적용 범위가 포괄적이다.

우리나라의 산재보상법에서 업무상 사유 여부를 판단할 때 통상 업무 수행성을 따지고 있다. 업무 수행성이란 당시 근로자가 사용자의 지휘, 명령하에 업무를 행하는 것을·말하는데, 여기에는 근로자가 근로계약에 의하여 사용자의 지배·관리하에 업무를 행하는 것으로 직접적인 관리나 지배에 의한 것만 국한되는 게 아니라 그 업무에 부수해서 기대되는 행위 등도 포함된다. 인터넷 산재상담 사이트의 상담 사례를 보면, 업무 수행성을 파악할 때에는 산업재해의 특유한 사회현상, 즉 산업재해가 발생한 상황이나 맥락을 통해 업무상 사유의 성립 요건을 파악할 수 있다고 한다.

근로자가 업무를 행하는 것, 다시 말해 '업무상의 행위' 여부는 일반적으로 시간과 공간 및 업무 내용을 기준으로 판단하지만, 그렇다고 해서 작업시간 중과 작업장 내라는 시공간으로 한정되지는 않는다. 작업 준비 중, 종료 후의 행위라도 그것이 업무와 관련된 행위이면 사용자의 지배 관리하에 있다고 보아 산재보상법상 업무에 속하는 것으로 간주한다. 예를 들어, "작업

종료 후 씻는 과정에서 목욕탕에서 입은 재해"나 "일과 후 동료 근로자들과 함께 놀이를 하다가 공사장 계단에서 추락 사고를 당한 경우"와 같이 작업 준비 중이나 작업 종료 전후에 발생한 재해도 업무상 재해로 인정된 사례가 있다.

산재보상법 시행규칙에는 업무상 사고를 작업시간 이외에도 작업시간 외, 휴게시간 중, 출장 중, 행사 중, 제3자나 타인의 폭력 등에 의한 기타 사고 등을 포함하고 있어, 업무상 행위를 직간접적으로 업무가 영향을 미치는 범위까지 폭넓게 보고 있는 편이다. 또한 산재보상법은 사용자의 책임을 분산시키는 목적도 포함하고 있기 때문에, 직무와 직무에 밀접한 관련을 갖는 활동 역시 사업 목적에 부합하거나 사용자의 이익에 도움이 되는 한 '업무성'을 인정하여 넓게 해석하는 편이다(전광석, 1993 : 149~150).

예를 들면 작업시간 외에도 사업주가 관리하고 있는 시설의 결함으로 인해 재해가 발생할 때, 작업시간 외의 휴식시간이나 출·퇴근 시간에 작업장에서 천재지변으로 사고를 당할 때, 회사에서 주최하는 운동 경기나 야유회 등의 행사에 참가하여 사고를 당하는 경우도 산업재해에 해당한다. 근로행위가 작업장 내, 작업시간 중에 일어나는 것은 통상적으로 산업재해로 인정될 뿐만 아니라(맹수석, 2001 : 176), 그러한 행위가 사회통념상 인정되고 업무와 사고 간에 인과관계가 있으면 산업재해로 본다고 할 수 있다.

2) 상병과 업무와의 관련성 : '상당 인과관계'

업무상의 사유로 근로자가 부상을 당하거나 질병이 생겼을 때, 산업재해로 인정하기 위해서는 이러한 상병이 업무와 관련되어 있다는 것을 산업재해를 당한 근로자가 입증해야 한다.[2] 법적으로는 업무와 재해로 인한 상병 사이에 일정한 인과관계가 있음을 충족해야 한다.

업무상 재해의 인정 기준에 관한 이론은 상당 인과관계설, 보호법적 인과관계설, 상관적 판단설 등이 있는데, 이 중에서 우리나라는 일본과 같이 상당 인과관계설의 입장을 취하고 있다(조보현, 2000 : 201). '상당 인과관계'란 법률 용어로 "경험칙상 그러한 결과에 상당한 조건만이 원인이 된다"는 뜻으로, 어떤 결과가 발생하는 데에 불가결의 조건이 되었던 것 가운데서 "상당"한 조건만을 원인으로 간주한다는 의미이다. 산업재

---

2 산재를 당한 근로자에게 산업재해 입증의 부담을 지우는 것에 대해 노동운동계에서 비판을 하고는 있지만, 아직까지 입증 책임의 문제가 중요하게 논의되지는 않고 있다. 그러나 산업재해 보상 과정에서 입증의 문제는 산재를 당한 근로자에게 실질적인 어려움을 주는 것이기에, 앞으로 이 부분에 대한 논의가 필요할 것이다.

해에서의 상당 인과관계는 산업재해의 발생에 불가결의 조건이 된 모든 사정을 기초로 해서 업무와 상병과의 관계가 경험칙상 상당한 인과관계로 연결되어 있다는 것이며, 업무와 사고와의 인과관계 및 사고와 상병과의 인과관계로 이루어진다(조보현, 2000 : 202). 여기서 상당한 조건을 판단하는 별도의 구체적인 기준이 따로 없어서, 실제 판례를 통해 그 의미와 기준을 추론할 수밖에 없다.

> 산업재해보상보험법 제4조 제1호 소정의 업무상 재해를 인정하기 위한 업무와 재해 사이의 상당 인과관계는 **반드시 의학적·자연과학적으로 명백히 입증되어야 하는 것은 아니고 제반 사정을 고려할 때 업무와 재해 사이에 상당 인과관계가 있다고 추단되는 경우에도 그 입증이 있다고 할 것이므로**, 재해발생 원인에 관한 직접적인 증거가 없는 경우라도 **간접적인 사실관계 등에 의거하여 경험법칙상 가장 합리적인 설명이 가능한 추론에 의하여** 업무기인성을 추정할 수 있는 경우에는 업무상 재해라고 보아야 할 것이다. (대법원 1999.1.26. 선고 98두10103 판결, 인용자의 강조)

위 판례를 보면 업무와 재해 사이의 인과관계는 의학이나 자연과학 등 과학적으로 명백하게 입증되지 않아도 가능함을 알 수 있다. 상당 인과성은 재해가 발생된 상황을 고려하거나 직접적인 증거가 없을 경우에는 경험칙상 합리적 설명이 가능한 추론에 의해서도 가능하다. 여기서 '경험칙상 합리적인 설명'이란 "일반적인 경우에 있어서 같은 결과를 낳게 하였으리라고 간주되는 것"을 의미하며, 구체적으로 업무와 재해 간에 "그 업무에 종사하지 않았더라면 당해 재해는 발생하지 않았을 것이다"라든지 또는 "그와 같은 업무에 종사한다면 당해 재해가 발생할 수도 있다"라고 인정되는 것을 의미한다. 만일 이러한 상당 인과관계를 입증하지 못하면 산업재해로서 보험급여를 받을 수 없게 된다.

그렇다면, 여기서 상당 인과관계를 판단하는 기준인 '경험칙상 일반적인 합리성'이 실제 노동현실에 기반하여 합리적으로 판단되고 있는지 질문할 수 있다. 통상 산업재해에서의 '일반적인 합리성'이란, 산업재해를 어떻게 인식해왔는가에 대한 사회적 통념과 관련된다. 예를 들면 근골격계 질환은 산업재해임에도 불구하고 업무와의 인과관계가 있다고 보기 어려워 1990년대 초반까지 직업병으로 인정되지 못했다. 근골격계 질환이 단순반복적인 노동을 수행하는 작업조건에서 발생하는 데에도 불구하고, 이를 구체적인 노동환경의 맥락에서 판단하지 않고 일반적인 작업환경에서 발생할 수 있는 질환을 근거로 판단한다면 이 같은 증상은 산업재해로 보기 어려울지 모른다. 더욱이 근골격계 질환의 특성상 증상이 눈에 띌 정도로 심각하지 않기 때문에 기존의 산업재해에 대한 통념으로는 이를 업무와 인과 관계가 있다고 보기 어렵다. 특히 여성의 근골격계 질환을 심사 하는 경우, 가사노동에 의한 것이거나 평소 생활습관, 고령화 등에 따른 퇴행성 질환으로 볼 수 있기 때문에 업무와 상병과의 상관관계가 불분명하다고 지적하는 것을 볼 수 있다. 우리나라 뿐 아니라 영국에서도 법원에 의해 산업재해 판정을 하도록 요 구받은 의사가 근골격계 질환과 같은 경견완 장애를 작업환경 과 연관해서 발생하는 재해가 아니라고 단정 짓거나, 이 증상을 '여성에게만 발생하는 심리적인 현상'으로 간주하는 편견으로 인해 산업재해로 인정하지 않은 경우가 있다.[3]

1차적으로 산업재해 심사와 판정을 담당하는 우리나라 근로 복지공단(또는 공단)은 "B형 간염에 걸릴 수 있는 환경에서 일 하는 근로자가 아니면 간경화, 간암으로 악화돼도 자연적으로

3 Diwaker H. N. and Stothard, J.(1995), "What do doctors mean by tenosy-novitis and repetitive strain injury?", *Occupational Medicine*(Oxf), 45(2), pp.97~104; Niemeyer, L. O.(1991), "Social labeling, stereotyping, and observer bias in worker's compensation: the impact of provider-patient interaction on outcome", *Journal of Occupational Rehabilitation*, 1(4), pp.251~269(정진주, 1999 : 130~131에서 재인용).

악화된 것으로 판단해 산업재해를 인정해주지 않을"[4] 정도로 업무와 상병 간의 인과관계를 협소하게 보는 편이다. 공단의 산업재해 심사 역시 의학적 소견에도 불구하고 상당 인과관계를 협소하게 봄으로써 산업재해를 실제로 좁게 해석하는 것이다.

그나마 행정소송에 의한 법원의 판례는 "과로나 스트레스가 질병의 발생 원인이라고 단정할 수는 없어도 질병을 악화시킬 수 있다는 의학적 소견만 있으면 업무와 질병과의 인과관계를 인정하는"[5] 편이다. 실제로 직장 내에서 집단 따돌림을 당해 생긴 우울증(서울행법 2000구34224), 상사의 질책에 따른 정신적 충격 등으로 정신과적 질환 발병(서울행법 판결 99구21543 선고)에 대해서도 인과관계를 인정하여 산업재해로 판정한 사례가 있다.

2000년 LG전자 정 모씨는 내근직으로 대기발령을 받은 뒤 상사와의 갈등과 퇴직 종용, 집단 따돌림 등으로 인해 생긴 정신적 스트레스를 산업재해로 신청했으나, 근로복지공단에 의해 1, 2차 심사에서 인정되지 않은 결과에 불복하여 다시 노동부에 재심 신청을 했다. 당시 노동부 산업재해보상심사위원회는 "정씨가 지난해 3월 내근직으로 대기발령을 받은 뒤 상사와의 갈등

---

4 「심층취재/ '과로성 재해'가 늘고 있다」, 『조선일보』 2002.10.11.
5 위의 기사.

으로 인해 퇴직을 종용받은 것을 비롯해 회사 ID 회수와 격리근무, 폭행 등으로 상당한 정신적 스트레스를 받은 사실이 인정되는 만큼 청구인이 겪는 우울장애와 업무 간의 밀접한 관계를 부인하기 어렵다"[6]고 하여 업무상 재해를 인정했다. 그 후 회사 측에서 근로복지공단을 상대로 요양승인처분취소 소송을 하였으나, 이에 대해서도 재판부는 원고의 주장을 기각하고 업무상 재해에 대한 판단을 다음과 같이 판시하였다.

> 위 인정사실을 종합하면, 참가인의 이 사건 상병 및 그에 이은 추가상병은 참가인의 개인적인 성격과 함께 참가인이 과장진급 탈락에 이어 갑작스런 내근직 발령과 그에 이은 상사와의 갈등, 부당한 전자우편 아이디·책상 및 의자·개인사물함 등의 회수, 지속적인 퇴직 종용, 집단 따돌림 등 업무상 사유로 인하여 받은 스트레스가 복합하여 발병하였음을 추인할 수 있으므로 업무상 재해이다. (서울행법 2000구34224)

직장 내에서의 차별적인 대우로 크게 상심하고 그에 대한 불만으로 상사 및 동료와의 갈등이 지속되고 있는 상태에서 상사

---

6 「"직장 내 집단따돌림 피해도 산재"/노동부 심사위 첫 인정」, 『세계일보』, 2000.9.19.

의 질책에 따른 정신적 충격 등으로 인해 함구증, 실성증, 불안, 우울 등의 정신과적 질환이 발병한 경우에도, 재판부는 다음과 같이 질환과 업무의 상당 인과관계를 인정하여 업무상 재해로 보았다. 여기에서도 재판부는 의학적 소견과 피해자가 직장에서 경험한 사실과 정황을 고려하여 산업재해 여부를 판단하고 있다.

비록 위와 같은 상사의 언사가 통상의 경우라면 대수롭지 않은 것으로 치부될 수도 있을 것이지만 원고의 성격 및 성향, 당시 원고가 처해 있던 상황 및 그에 대한 원고의 주관적 인식 등에 비추어 보면 원고로서는 이로 인하여 극도의 좌절감과 함께 자신의 직장 내에서의 위치가 결정적으로 위태롭게 되었다는 불안감을 느끼게 되었을 것으로 보여지는 점에다가 이 사건 증상에 관한 의학적 소견 등을 종합하여 보면, **원고의 정신과적 질환은 업무 자체 및 직장 내 인간관계에서 빚어진 스트레스 요인이 스트레스에 취약한 소인을 가지고 있던 원고에게 감내하기 어려운 고도의 스트레스로 작용한 나머지 발병하게 된 것으로 넉넉히 추단된다 하겠다. 그렇다면, 원고의 업무와 이 사건 증상의 원인이 된 정신과적 질환 사이에는 상당 인과관계가 있다 할 것이므로, 결국 피고의 이 사건 요양불승인처분은 위법하다**

할 것이다. (서울행법 판결 99구21543 선고, 인용자의 강조)

이러한 사례는 업무와 상병과의 인과관계를 업무에 내재하는 일반적인 요소, 확실한 증거와 같은 자료 외에 산업재해를 입은 노동자가 일하는 구체적인 노동현실에 비추어 판단하려는 변화로 볼 수 있다.

업무와 상병과의 인과관계는 같은 '경험칙상'이라는 동일한 기준이더라도 1차 심사 주체인 근로복지공단과 이후 소송에 의한 판결 주체인 법원의 판단과 해석에 따라 결과가 다를 수 있다. 그러므로 산업재해에서의 상당 인과관계를 판단할 때, 이를 판단하는 주체는 신체적 증상으로 표시되지 않는 질환에 대해서도 산업재해를 입은 노동자의 업무 수행 특성과 노동현실을 충분히 고려하여 폭넓게 이해하는 태도가 필요하다. 그런 점에서 법원의 산업재해 판단 태도는 근로복지공단의 태도보다 상당 인과관계를 해석하는 데 폭넓은 시각을 가지고 있다고 볼 수 있다.

이처럼 이 두 가지 요건을 판단하는 기준이 명백하게 제시되지 않고 사안에 따라 판단하는 주체의 입장에 따라 다른 결과가 나타날 수 있다. 그래서 이 두 요건을 이해하는 것만으로는 현재 보상이 가능한 산업재해의 범위가 어디까지인지 알기는 어렵다. 그렇다면 실제 산업재해에 대한 인식과 해석의 범위를 이해하기 위해서는 현재 업무 수행성과 상당 인과관계를 충족하여 산업재해로 인정된 사례를 살펴보는 게 유용하다.

2
산업재해의 적용 범위와 내용

산업재해를 사업주가 보상하도록 하는 산재보상법은 우리나라에서는 1963년에 제정되어 1964년에 적용되었다. 이는 당시 건설·제조업의 2차 산업을 중심으로 산업화되기 시작하면서 소위 '굴뚝산업'에서 발생한 사고나 질병에서 노동자를 보호하고 이에 대한 보상을 제도화할 필요성에서 생겨난 것이다. 초기에 산재보상법이 500인 이상의 광업과 제조업 분야에만 우선적으로 적용되었던 사실만 보더라도 이 법의 취지와 목적을 알 수 있다.

[표 1]의 1980년대부터 최근 2017년까지의 산업재해 통계를 보면 전체 재해자 수 중에서 업종별 발생 비율이 높은 산업이 그동안 제조업, 건설업 중심이었음을 알 수 있다. 2002년까지는

제조업, 건설업, 기타, 운수업, 광업 순으로 나타나고 있다. 그러나 2002년 이후부터는 업종별 재해자 수의 분포가 조금씩 변화하고 있다. 농업, 임업, 금융 및 보험업, 숙박 및 음식점업, 도소매업 등을 포함한 기타 산업이 점차 증가하여, 2012년부터는 재해자 수가 가장 많은 업종으로 등장하고 있다. 다음으로 제조업과 건설업이 가장 많으며, 나머지 업종은 대체로 낮은 비중을 차지하고 있다.

[표 1] 연도별, 업종별 산업재해 현황 분포(1982~2017)

(단위 : %)

산업 \ 년도	1982년	1992년	2002년	2012년	2017년
전 산업	100.0	100.0	100.0	100.0	100.0
제조업	59.30	44.33	42.63	34.32	28.20
건설업	19.70	33.75	24.33	25.31	28.55
운수보관업 · 운수창고통신업	11.50	9.21	6.00	4.55	4.72
광업	7.90	4.57	1.54	0.99	2.11
전기 · 가스 · 수도 · 위생서비스업	0.40	0.15	0.17	0.10	0.10
*기타	1.10	7.99	25.32	34.72	36.33

주 * 기타 산업 : 농업, 임업, 금융 및 보험업, 숙박 및 음식점업, 도소매업 등.
자료 : 노동부, 『노동백서』, 1982~2002년 자료 중 일부 재구성, 안전보건공단 산업재해통계 중 『2012년 산업재해분석』, 『2017년 산업재해통계』 자료 중 일부 재구성(http://www.kosha.or.kr)

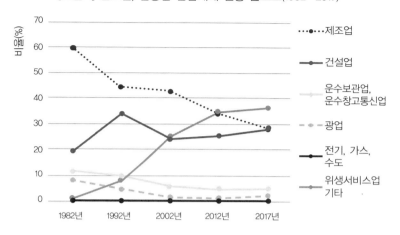

[그림 1] 연도별, 업종별 산업재해 현황 분포도(1982~2017)

　　[표 2]의 산업재해 발생 형태를 보면 협착, 전도, 추락, 충돌, 낙하·비래 등이 많이 발생하고 있는 것으로 나타난다. 소위 '굴뚝재해'라고 할 수 있는 이러한 내용의 산업재해가 최근까지도 전체 산업재해 내용에서 가장 많은 비중을 차지하고 있음을 알 수 있다. 2002년, 2017년에 5대 재래성 재해(협착, 전도, 추락, 충돌, 낙하·비래)를 보면, 전체 가운데 각각 77.28%, 83.86%를 차지한다. 발생 형태별 분포에서 알 수 있듯이, 대부분의 산업재해 중에서 굴뚝성 재해가 아직까지 많고 이러한 재해 위주로 산재보상이 적용되고 있는 현실을 확인할 수 있다.

[표 2] 연도별, 발생 형태별 산업재해 분포(1982~2017)

(단위 : 명, %)

발생 형태 ＼ 년도	1982년	1992년	2002년	2012년	2017년
전 산업 총계	137,816 (100.00)	107,435 (100.00)	81,911 (100.00)	92,256 (100.00)	80,665 (100.00)
추락(떨어짐)	12,921 (9.40)	11,285 (10.50)	10,835 (13.23)	14,228 (15.42)	14,308 (17.74)
전도(전복, 넘어짐, 깔림, 뒤집힘)	9,871 (7.20)	12,585 (11.71)	13,705 (16.73)	18,820 (20.10)	18,573 (23.02)
충돌(접촉, 부딪힘)	18,135 (13.20)	8,962 (8.34)	8,525 (10.41)	6,823 (7.40)	6,720 (8.33)
낙하 · 비래 (물체에 맞음)	17,585 (12.80)	9,334 (8.69)	7,580 (10.41)	8,146 (8.83)	6,677 (8.28)
협착(감김, 절단, 끼임)	25,882 (18.80)	17,925 (16.68)	21,709 (26.50)	23,038 (24.98)	21,366 (26.49)
화재 · 폭발 · 파열	1,768 (1.30)	1,771 (1.65)	1,589 (1.95)	832 (0.91)	439 (0.54)
전류접촉(감전)	831 (0.60)	544 (0.51)	534 (0.65)	412 (0.45)	–
신체반응동작 (무리한 동작)	26,069 (18.90)	20,386 (18.98)	6,182 (7.55)	2,454 (2.66)	2,652 (3.29)
유해 위험 환경 노출 (이상 온도, 유해물 접촉)	4,420 (3.20)	2,852 (2.65)	1,650 (2.02)	2,814 (3.05)	–
폭력행위 · 기타*	11,079 (8.00)	20,651 (19.22)	1,002 (1.23)	2,343 (2.55)	5,759*** (7.14)
그 외 분류**	마찰 등 접촉 기타 3,248 (2.30)		광산사고 8(0.01) 교통사고 2,377(2.90) 업무상질병 5,417(6.61)	광산사고 27(0.03) 교통사고 3,811(4.13) 업무상질병 7,472(8.10)	동물상해 322(0.35) 산소결핍 17(0.02) 교통사고 3,792 (4.70)

주 * 폭력행위 · 기타 : 폭력행위 · 기타 외에 빠짐, 익사, 기타, 분류 불능으로 분류된 내용 포함.

** 그 외 분류 : 공통적인 분류 항목 안에 적절하게 포함할 수 없어서 누락된 분류 내용임.

*** '기타'에는 감전, 이상온도 접촉, 빠짐 · 익사, 화학물질 누출, 체육행사 등이 포함

자료 : 각 해당 연도별 『산업재해분석』 자료를 재구성

제2장 산업재해란 무엇인가

3

산업재해=굴뚝재해?

 특정한 개념은 본질적인 내용을 가진 고정된 개념이 아니라 현실과 이해 당사자들의 상호작용 속에서 구성되고 작동되는 일련의 과정 속에서 구성된 결과물이다(김명숙, 2000). 1960년 대 산업화 시기와 그 후 80년대에 만들어지기 시작한 산업재해 의 통계 결과가 굴뚝산업 중심의 현재 '산업재해' 개념을 구성하고 인식하는 데에도 많은 영향을 미치고 있다.

 산업재해의 개념은 업무상 사유에 의한 부상, 질병, 사망으로 포괄적으로 설명되지만, 실제로 산재보상을 받은 내용을 보면 산업재해의 범위는 협소하다고 할 수 있다. 주로 굴뚝산업 위주 의 산업재해에 대한 관심이 지배적이었던 상황에서 2003년 당 시 산재 관련 노동상담을 해온 활동가에 의하면 "5~6년 전만 해도 특수하게 설치는 사람 정도가 산재 신청을 할 뿐, 대부분은 산업재해가 뭔지도 모르는 사람이 대다수"일 정도로, 실질적인 산업재해는 노동자에게 '가시적이고 심각한 사고/질병(신체적 절단, 손상, 진폐증 등)'이라는 최협의의 개념으로 인식돼왔다.[7]

하지만 고용구조 및 산업 형태의 변화로 노동재해의 내용은 추락, 전도, 충돌과 같은 사고성 재해 외에도 다른 형태로 발생하고 있다. 사무직 노동자는 제조업 노동과 달리 기계나 화학물질 등을 다루지 않고 주로 문서작업, 상사, 동료, 고객과의 관계, 거래처 업무 등을 담당하기 때문에, 이러한 업무과정에서 오는 스트레스, 과중노동의 부담, 오랜 작업에서 오는 질병 등 사회심리적 요인에 의한 증상이 노동자들이 겪는 주요한 건강상의 문제가 된다. 미국의 경우 1995년까지 거의 모든 주의 절반이 업무 중 스트레스와 정신질환으로 산재보상청구를 하고 있어서, 법원이 마지못해 일상적인 작업조건이나 심한 업무로 고려되는 사안에 대해서만 소송을 지지했다고 한다.[8]

---

7 형광석(1992)이 노동자를 대상으로 설문조사한 바에 의하면, 산재보상
   보험법과 산업안전보건법에 대해 35.3%가 잘 모른다고 대답하였고, 비
   교적 알고 있는 경우는 16.9%에 불과한 것으로 나타나, 산업재해 관련
   법에 대한 인식이 낮음을 알 수 있다. 이러한 인식은 기업의 산재 처리
   방식에도 영향을 미쳐, 산업재해가 발생하더라도 노동자가 인지하지 못
   하는 경우 공상(公傷)으로 처리하게 된다(형광석, 1992 : 5).

8 Burton J. F. ed.(1995), *1995 Workers compensation Yearbook*(NIOSH,

조금씩 나아지고 있기는 하지만, 우리나라 산재보상법 역시 지난 2000년대까지도 이러한 노동현실의 변화를 충분히 반영하지 못했다. 한 예로 흔히 직업병이라고 불리는 업무상 질병은 2002년 당시 일본 53가지, 영국 47가지, 독일 70가지와 비교할 때 우리나라는 공식적으로 30여 가지에 불과하여(김호경, 2002 : 23~24) 업무상 질병을 상대적으로 엄격하게 적용해온 편임을 알 수 있다.

[표 3]의 우리나라 근로기준법 시행령에서 업무상 질병으로 다루고 있는 범위를 살펴보면, 시행령 개정 이전 과거 38가지의 업무상 질병 중에는 1호, 37호, 38호를 제외한 나머지 35가지의 유해 요인에 의한 직업성 질병은 주로 화학물질, 물리적 환경을 중심으로 분류되어 있음을 알 수 있다. 이 체계에서 스트레스 관련 질병과 같이 보이지 않는 질병을 산업재해로 포함하기는 어려워 보인다. 다행히도 최근 2013년 법 개정 이후에는 과거에 주목하여 다루지 않았던 근골격계 질환, 업무상 과로, 외상 후 스트레스 장애 등을 분명히 명시함으로써 화학물질, 물리적 환경 중심의 업무상 질병에 대한 인정 범위를 점차 늘려나가고 있다.

1999 : 7에서 재인용).

[표 3] 우리나라 산재보상보험법의 업무상 질병 범위의 변화[9]

2013년 개정 이전		2013년 개정 이후	
구분(종류)	내 용	구분(종류)	내 용
화학물질(21종)	유해광선, 유해방사선, 화학물질 등	화학적 요인(21종)	진폐증, 피부질환, 유해화학물질 등
물리적 환경(7종)	고열, 이상기압 등	물리적 요인(7종)	유해방사선, 고열, 저체온증, 이상기압, 소음 등
먼지(1종)	진폐증	생물학적 요인(4종)	병원체 감염, 렙토스피라증, 탄저·탄독 등
피부(2종)	피부염, 매연· 광물 등으로 인한 습진 등 피부질환	직업성 암(1종)	발암성 요인으로 인한 암

---

9 우리나라 현행 산업재해보상보험법 제37조(업무상의 재해의 인정 기준)에 따르면 '업무상 질병'이란 "가. 업무 수행 과정에서 물리적 인자(因子), 화학물질, 분진, 병원체, 신체에 부담을 주는 업무 등 근로자의 건강에 장해를 일으킬 수 있는 요인을 취급하거나 그에 노출되어 발생한 질병, 나. 업무상 부상이 원인이 되어 발생한 질병, 다. 그 밖에 업무와 관련하여 발생한 질병"이라고 정의하고 있다. 근로기준법 시행령 제44조의 업무상 질병의 범위 등은 "① 법 제81조 제2항의 규정에 의한 업무상 질병과 요양의 범위는 별표 3과 같다. ② 사용자는 근로자가 취업중 업무상 질병에 걸리거나 부상 또는 사망한 경우에는 지체 없이 의사의 진단을 받도록 하여야 한다"고 하고 있다. 업무상 질병을 공식적으로 인정하는 범위는 업무상 질병을 판단하는 데 중요한 기준으로 영향을 미칠수 있기 때문에, 그 범위가 어떻게 되는지는 중요하게 볼 필요가 있다.

감염, 전염(4종)	병원체로 인해 오염의 우려가 있는 각종 전염성 질환, 동물감염으로 인한 질환 등	근골격계 질병(1종)	근골격계에 부담을 주는 업무로 인한 근골격계 질병
		업무상 과로(1종)	뇌혈관 또는 심장 질병
		외상후스트레스 장애(1종)	업무와 관련하여 정신적 충격을 유발할 수 있는 사건으로 인한 외상후스트레스 장애
기타(3종)	1. 업무상의 부상에 기인하는 질병 37. 제1호 내지 제36호 외에 중앙노동위원회의 동의를 얻어 노동부장관이 지정하는 질병 38. 기타 업무로 기인한 것이 명확한 질병	기타(3종)	가. 업무상 부상으로 인한 질병 자. 가목부터 아목까지에서 규정한 질병 외에 「산업재해보상보험법」 제8조에 따른 산업재해보상보험 및 예방심의위원회의 심의를 거쳐 고용노동부장관이 지정하는 질병 차. 그 밖에 가목부터 자목까지에서 규정한 질병 외에 업무로 인한 것이 명확한 질병

자료 : 근로기준법 시행령 내에 포함된 산재보상보험법의 업무상 질병 범위 별표를 기초로 재구성.

이미 과거에도 업무상 질병을 가장 폭넓게 인정하고 있는 독일의 경우, 70여 가지의 직업별 목록을 화학물질, 물리적 환경, 감염, 먼지, 피부병, 기타 등으로 분류하여 매우 상세하게 열거하고 있다. 그럼에도 불구하고 이러한 원칙이 재해판정의 경직성을 가져와 관련 당사자로부터 민원을 초래할 소지가 있다고 판단하여 의학적 지식으로 피보험자의 당해 업무가 일반인들보다도 훨씬 높은 정도로 특정 질병에 노출되는 경우는 직업병으로 인정한다고 관련 법조항(사회법전 제7편 Sozialgesetbuch : SGB Ⅶ, 제9조 2항)을 추가하였다(정홍주, 2002 : 7).

우리나라, 독일과는 달리 법적으로 뚜렷하게 업무상 질병의 범위를 두고 있지 않는 미국은 질병으로 인한 비정상적인 상태 또는 심신기능 상실의 경우면 모두 업무상 질병으로 인정하고 있으며 업무와 관련된 재해를 심각성 정도에 관계없이 모두 기록하고 있다(Cinney, 1986 : 444~445). 대체로 직업병으로 인정되는 질환은 석면과 폐질환, 청력상실, 피부병, 손목관절병, 심장병 질환, 정신질환 등이며, 그중에서 직업 관련 스트레스는 연방근로자보상법(Federal Employees' Compensation Act : FECA)에 의해 고용상태에서 일어나고 개인적 사유에서 일어나지 않았을 때면 산재보상을 받을 수 있다(박찬임, 2002b : 95). 캐나다에서도 퀘백(Quebec) 등 몇몇 주에서 1980년대 후반에 스트레스 질환에 대한 심사 기준을 마련하였다(Lippel, 1995 : 274). 이처럼 새롭게 나타나는 질병에 맞게 제도를 수정하는 등 산업재해 내용의 변화를 인식하고 발 빠르게 현실의 문제를 제도에 반영하는 과정은 중요하다.

우리나라에서도 업무상 재해를 인정하는 범위가 점차 확대되고 있기는 하지만, 산업재해 여부를 판단하는 주체는 산업재해를 여전히 신체 부상과 같은 사고성 재해인 '굴뚝재해'를 중심으로 보수적으로 인식하고 있다. 노동현실의 변화 속도에 비해, 산업재해 심사와 판정을 담당하는 주체인 근로복지공단이 산업재해에 대한 인정을 협소하게 하는 편이어서 산재보상을 받지 못한 근로자들의 소송은 계속 늘고 있다. 1990년대 말부터 2000년대까지 근로복지공단의 3차례 심사를 거쳐 서울행정법원에 접수된 산재소송은 1997년 1,294건에서 1998년 1,650건, 1999년 1,908건, 2000년 2,003건으로 해마다 느는 반면, 소송에서 근로복지공단이 패소하는 비율은 30%대로 매우 높은 편이다.[10] 법원이 산업재해를 폭넓게 인정함으로써 그 결과 근로복지공단이 오히려 이러한 판례를 반영하여 점차 인정기준을 낮춰왔다고 할 수 있다.

2차 산업에서 3차 산업의 비중이 점점 높아지는 등 노동환경의 변화에도 불구하고, 산업재해는 대규모의 사업장, 제조업, 남성 노동자에게 재해위험이 가장 높다는 데에 집중돼왔고(주영수, 2001 : 155), 이 중에서도 제조업의 남성 노동자를 중심으로 한 부상이나 외상과 같은 사고성 재해가 대부분을 차지한다(정진주, 1999; 김인숙 외, 2000; 김영미, 2002).

---

10 「'폭넓은' 산재 인정…'속좁은' 공단 심사」, 『대한매일』, 2001.7.23.

[표 4] 연도별, 성별 산업재해자 수 및 여성 비율(1996~2016)

(단위 : 명, %)

년도	산재보험적용 근로자 수	전체 재해자 수	남성	여성	여성 비율(%)
2016	18,431,716	90,656	72,617	18,039	19.90
2012	15,548,423	92,256	74,666	17,590	19.07
2006	11,688,797	89,910	74,780	15,130	16.83
2001	10,581,186	81,434	69,795	11,639	14.29
2000	9,485,557	68,976	59,967	9,009	13.06
1999	7,441,160	55,405	48,660	6,745	12.17
1998	7,582,479	51,514	59,818	5,597	9.36
1997	8,236,641	66,770	59,818	6,952	10.40
1996	8,156,894	71,548	63,815	7,733	10.80

자료 : 연도별 산업재해분석(안전보건공단 홈페이지(www.kosha.or.kr))

[표 5] 연도별 여성의 산업별 취업자 수(2016~2017)

(단위 : 천명, %)

연도	총계	농림·어업	광공업	제조업	사회간접자본 및 기타 서비스업						
					건설업	도소매·음식숙박	교육서비스업	보건업및사회복지서비스업	전기, 운수, 통신, 금융	기타	
2017	11,309 (100.0)	518 (4.6)	1,343 (11.9)	1,340 (11.9)	9,447 (83.5)	178 (1.6)	3,158 (27.9)	1,272 (11.3)	1,588 (14.0)	804 (7.1)	2,447 (21.6)
2016	11,114 (100.0)	537 (4.8)	1,303 (11.7)	1,300 (11.7)	9,274 (83.4)	150 (1.3)	3,123 (28.1)	1,230 (11.1)	1,504 (13.5)	816 (7.3)	2,451 (22.1)

제2장 산업재해란 무엇인가

[표 4]에서 보듯이, 지난 2000년까지만 해도 산업재해통계에
서는 남성의 재해율이 여성에 비해 높게 나타나고 있다. 여성의
재해 비율은 현재 약 20%에 가깝게 나타나고 있지만, 그전까지
대체로 10% 내외에 불과하였다.

아직 남성의 재해율이 여성에 비해서 높게 나타나고 있는 것
은 산업재해가 대부분 시설물에 의한 사고 같은 물리적 작업환
경에 의한 대형 사고 위주로 분류되어 있는 현실을 반영한 것
이다.

여성고용통계 현황에 따르면 노동시장에서 남성과 여성의 취
업자 수가 57 : 43[11] 정도의 수준인 데에 비해 성별에 따른 산재
노동자의 남성과 여성 비율이 80 : 20으로 차이가 나타나는 것은

---

11 e-나라지표 연도별 여성고용통계 현황 참조(http://www.index.go.kr)

구분 연도	15세~64세 인구(A)			취업자 수(B)			고용률(B/A)		
	계	남성	여성	계	남성	여성	계	남성	여성
2017	36,538	18,402	18,136	24,331	14,009	10,322	66.6	76.1	56.9
2016	36,485	18,360	18,126	24,105	13,920	10,185	66.1	75.8	56.2
2015	36,349	18,261	18,088	23,899	13,820	10,079	65.7	75.7	55.7
2014	36,107	18,118	17,989	23,596	13,713	9,884	65.3	75.7	54.9
2013	36,006	18,063	17,943	23,269	13,589	9,680	64.6	75.2	53.9
2012	35,652	17,872	17,780	22,897	13,388	9,509	64.2	74.9	53.5
2011	35,428	17,762	17,667	22,621	13,238	9,383	63.8	74.5	53.1

일종의 산업재해에 내재한 성 편향으로 생각해볼 수 있다.

이러한 성 편향이 지금까지 간과되어온 이유는, 여성과 남성의 작업장 특성을 충분히 고려하지 않아서일 수 있다. 위의 [표 5]에서와 같이 우리나라 여성의 산업별 취업자 수를 살펴보면 제조업보다도 도소매·음식숙박, 기타 분야에서 많이 나타나고 있음을 알 수 있다.

이와 같은 고용환경 속에서, 예를 들면 단순하위 사무직·판매·서비스직에 집중되어 있는 여성의 경우 성별 권력관계를 직접적으로 반영하는 성폭력의 위험에 쉽게 노출될 수 있음에도 불구하고, 물리적, 화학적 환경요인에 집중되어 있는 산업재해 인정 범위에서는 이로 인해 발생하는 폭력을 산업재해로 인정해달라고 요구하기란 그리 쉽지 않다. 앞의 [표 2]에서도 보듯이 '폭력행위·기타'에 해당하는 산업재해는 전체 가운데에서도 아직 10% 미만 정도에 불과하다.

과거에 비해 산업재해의 범위가 현실을 반영하여 일부 확대 적용되고 있기는 하지만, 산업재해 통계를 살펴보면 현실의 노동환경에서 존재하는 사회적 위험에 의해 발생하는 노동재해를 산업재해로 인정, 적용받기는 여전히 어려워 보인다. 특히 스트레스성 재해와 같이 눈에 보이지 않는 노동재해의 위험에 다양하게 노출될 가능성이 높은 절반의 여성 노동자들을 생각해볼 때, 우리는 기존의 남성 중심의 '굴뚝재해'로 인식되는 산업재해

에 대한 인식을 변화할 수 있는 제도 마련을 고민하지 않을 수
없다.

4
실질적인 산업재해 내용 구성이 가능하려면?

1) 산업재해 범위와 내용 확대하기

1970~1980년대 2차 산업 중심이었던 산업구조는 점차 3차 산업의 비중이 높아지는 추세로 산업의 규모와 내용이 변화하고 있다. 통계청에 의하면, 산재보상법이 시행된 1964년에는 산업별 취업자 수 비율이 농림어업(61.67%), 도·소매, 음식 숙박업, 사업, 개인, 공공서비스 및 기타, 전기, 운수, 창고, 금융업 등의 기타 서비스업(27.12%), 제조업(8.18%), 건설업(2.36%) 순으로 나타났으나, 그 후 점차 도·소매, 소비자용품 수리업, 보건 및 사회복지사업 등이 포함된 기타 사업의 비율이 증가하여 최근 2017년에는 기타 사업(55.80%), 제조업(22.36%), 건설업

(16.41%), 운수·창고·통신업(4.52%) 순으로 산업의 형태와 비중이 많이 변화하고 있다. 전체 산업에서 제조업의 비중이 여전히 일정 비율을 차지하긴 하지만, 1990년대 이후 기타 산업이 반 이상을 차지할 정도로 산업구조는 이제 많은 변화를 보이고 있다.

한 노조활동가에 따르면, 조합원 구성비만 보더라도 과거에는 제조업 중심의 공장 노동자들이 주류를 이루었다면, 지금은 전통적인 제조업체 종사자에서 IT산업, 금융업, 사무직 등의 노동자 구성비가 전체의 3분의 2를 차지할 정도로 1990년대 이후 2000년대 사이에 급격한 변화가 있었다고 말한다.

산업구조의 이러한 변화에 따라 산업재해 적용 범위도 확대되었다. 산재보험의 적용은 1980년대까지 2차 산업 중심에 한정되다가 1990년 이후로 교육 및 서비스업, 금융보험업 등 3차 산업 부문으로 확대 적용되기 시작하였고, 2000년부터 1인 이상 사업장으로 확대하여 영세한 기업이나 중소기업도 산재보험 대상에 포함되는 제도적인 기반을 마련하였다.[12]

---

12 [표 6] 산재보험의 사업장 규모별 및 업종별 적용 확대 추이

년도	기업 규모	업종관련 비고
1964	500인 이상	광업, 제조업
1965	200인 이상	전기·가스업, 운수·보관업 신설

이 같은 적용 범위의 확대는 기존의 2차 산업 중심의 사고성 재해 외에도 3차 산업 등 다양한 산업에서 발생하는 산업재해를 포함하는 형식적인 조건을 갖추었다는 점에서 의미가 있다.

실제로 산재보상의 내용에서도 이러한 현실이 조금씩 반영되고 있다. 1990년대 이후 근골격계 질환이 직업병으로 인정되기

1966	150인 이상	
1967	100인 이상	유기사업(연간 25,000인 이상)
1969	50인 이상	건설업, 서비스업, 수도 · 위생설비업, 통신업 신설
1974	16인 이상	
1976	16(5)인 이상	광업, 제조업 중 화학, 석유, 석탄, 고무, 플라스틱제조업은 5인 이상
1982	10(5)인 이상	벌목업 추가
1983	10(5)인 이상	농산물 위탁판매업 및 중개업 추가
1986	10(5)인 이상	베니아판제조업 등 14개 업종은 5인 이상
1987	10(5)인 이상	목재품제조업 등 20개 업종은 5인 이상
1988	5인 이상	전자제품제조업 등 16개 업종 5인 이상
1991	5(10)인 이상	광업, 임업, 어업, 수렵업, 도소매업, 부동산업 10인 이상 확대
1992	5인 이상	광업, 임업, 수렵업, 도소매업, 부동산업 5인 이상
1996		교육서비스업, 보건 및 사회복지사업
1998		금융 및 보험업
2000	1인 이상 50인 미만 사업주	

자료 : 노동부(2002), 『2001년 산재보험사업연보』.

제2장 산업재해란 무엇인가

시작하면서 인정 비율이 점차 늘고 있다. 허리 통증 등 누적외상성 질환 또는 근골격계 질환은 지난 1986년 C 방송국 타이피스트가 컴퓨터 사용으로 인해 손목 관절에 이상이 생기는 'VDT 증후군' 판정을 받으면서부터 알려졌으며, 1993년 최초로 2명이 직업병 판정을 받기 시작하면서 점차 비율이 증가하고 있다. 이 증상은 생산직 노동자들의 단순반복노동에서 나타날 뿐 아니라 컴퓨터 사용의 보편화로 사무직 노동자에게서도 많이 발견되고 있는 질병이다.[13]

또한 업무 스트레스나 직장 내 인간관계로 인한 문제, 직장 동료 및 상사로부터의 업무 방해 등으로 나타나는 정신과적 질환도 최근 산업재해로 인정되기 시작하였다. 직장 내 집단 따돌림을 당해 생긴 우울증(서울행법 2000구34224), 상사의 질책에 따른 정신적 충격으로 정신과적 질환이 발병한 경우(서울행법 판결 99구21543), 사업주의 노조 탄압으로 인해 노동자의 집단 정

---

13 [표 7] 연도별 누적외상성 질환 직업병 인정 현황(1992~1997)

(단위 : 명)

구분	1992	1993	1994	1995	1996	1997	계
전체 직업병자 수	1,328	1,413	918	1,120	1,435	1,424	6,214
누적외상성 질환자 수	–	2	20	128	345	133	455

자료 : 노동부, 『산업재해분석』, 각 년도; 노동부(1998), 『'97년도 산업재해 발생 현황』.

신질환이 발병한 '청구성심병원 노조원의 집단 산재 인정'[14] 등의 사례를 통해 산업재해의 내용과 범위가 변화, 확대되고 있음을 알 수 있다. 산업재해를 신체가 다치거나 절단되는 것과 같이 가시적이고 심각한 신체적 증상 위주로만 보던 경향이 부분적으로 변화하는 것으로 보이고 있다.

산업재해에 대한 적용 범위의 변화에 따라, 직장 내 성희롱은 직장의 성차별적 환경과 이를 이용한 인간관계로 인해 발생되는 정신적, 신체적 질병으로 일종의 산업재해로 볼 수 있다. 직장 내 성희롱은 다양한 산업, 직종에서 노동자에게 중요한 업무상 스트레스와 건강 문제를 유발하는 요인으로 인식되고 있기 때문이다.

캐나다의 한 연구에서 여성 노동자에게 가장 중요한 건강 문

---

14 지난 2003년 이슈가 되었던 '청구성심병원 노조원의 집단 산재 인정' 사건은 사업주의 노조 탄압으로 인한 노동자의 집단 정신질환을 산업재해로 인정한 최초의 사례라는 데에 의의가 있다. 청구성심병원 측이 수년간 간호사 등 노조원의 노조 활동을 업무 감시, 승진 차별, 폭언, 폭행 등으로 탄압하여 노조원 가운데 절반 이상이 우울증, 적응장애, 전환장애 등의 정신질환으로 고통을 겪고 있다는 사실이 뒤늦게 밝혀지게 되면서, 이에 대해 집단적으로 산재보상을 신청한 결과 지난 2003년 8월 3일 근로복지공단은 업무상 재해로 인정하여 요양을 승인하였다("'노조 탄압으로 정신질환' 업무상 재해 첫 인정", 『동아일보』, 2003년 8월 4일; 정청진, 2003).

제가 무엇인지 조사한 결과, 스트레스, 우울증과 불안, 직장 내 성희롱과 성폭력 등을 꼽는 것으로 나타났다(Walters, 1992). 온 타리오주 여성 노동자의 건강에 대해 포커스 인터뷰를 통한 Feldberg 외의 연구(1996)에서도 스트레스가 가장 높은 비중을 차지하였으며, 경견완 장애, 직장 내 성희롱과 성폭력, 직장과 가사노동의 병행이 차례로 여성 노동자들에게 중요한 건강 문제로 나타났다.[15]

노동시장의 위계 구조에서 여성은 남성의 직위, 성별 등 경제적, 사회적 우월성으로 인한 폭언, 폭행, 성폭력 등에 노출되기 쉽고 이로 인해 스트레스 및 정신적, 신체적 고통을 받기 쉽다. 직위, 연령 외에도 성별은 직장 내의 인간관계에 영향을 미치는 여러 요인 중 하나로, 노동시장에서 여성은 남성보다 훨씬 열등하고 불리한 지위에 처해 있고 대부분은 남성 고용주나 남성 상사 밑에서 일하는 경우가 많다. 여성단체 내 직장 내 성희롱 상담자들에 따르면, 직장 내 성희롱은 5~10인 미만의 소규모 영

---

15 Walters, V.(1992), "Women's views of their main health problems", *Canadian Journal of Public Health*, 83(5), pp.371~374; Feldberg, G., Northrup, D., Scott, M., and Shannon, T.(1996), *Ontario Women's Work-Related Health Survey Descriptive Summary*, Prepared by York University York Centre for Health Studies and the Institute for Social Research; 정진주, 1999 : 134에서 재인용).

세한 사업장일수록 발생 빈도가 높은 편이라고 말한다. 이에 반해 직장 내 성희롱으로 산재보상을 받은 사례는 2000년 한 사례와 2011년 현대차 사내하청 여성 노동자 성희롱으로 인한 정신적 피해에 대한 산업재해 승인 정도의 사례에 불과하다. 굴뚝재해가 높은 비중을 차지하는 산업재해 통계에서 스트레스성 질환이나 직장 내 성희롱이 드러나기 어려운 현실을 생각해볼 때, 이러한 형태의 산업재해가 실제로 더 많이 존재할 가능성은 충분히 예상할 수 있다.

산업재해 상담을 하고 있는 노조활동가는 노동현실의 변화에 따라 산업재해 기준도 당연히 변화돼야 하지만, '산업재해' 개념은 아직도 예전의 인식에 머물러 있기 때문에 현재의 노동현실 조건과 맞지 않는 불합리한 문제들이 발생한다고 지적한다. 굴뚝산업 위주의 산업재해 보상 및 예방에 관한 현행 제도의 한계를 극복해나가기 위해서는 실제로 나타나는 노동자의 건강 문제로부터 산업재해에 대한 문제를 접근해야 한다.

그런 점에서 최근에 산업재해로 인정되어 보상을 받은 새로운 사례들을 아는 것은 확대되고 있는 실질적인 산업재해의 내용과 범위를 제도화, 안착화하는 데 영향을 줄 수 있다. 2000년 당시 직장 내 성희롱으로 산재보상 신청을 최초로 했던 노조활동가는 이 사건을 산업재해로 신청할 수 있었던 이유에 대해, 그 전에 직장 내 왕따로 인한 우울증을 겪은 정신질환에 대한

산재보상 사례를 알고 있었기 때문이었다고 이야기하였다.[16]

이처럼 직장에서의 과중한 업무, 비인간적인 직장환경, 노동 조건의 악화, 상사, 동료와의 관계에서 오는 스트레스와 같은 증상을 산업재해로 인식하고 문제화하기 위해서는 새로운 사례를 아는 것이 매우 중요하다. 이러한 전례를 바탕으로 산업재해 인정을 과감히 요구할 때 비가시화된 산업재해를 드러내게 되고 기존의 제도와 통념도 수정할 수 있다.

---

16 "사실 그전에 농협하고 새마을금고 사건, LG의 정○○ 사건이라고 직장 내 왕따로 인한 우울증을 산재로 인정한 사례가 있었어요. 그 사건을 보면서 그게 힘이 많이 되었던 거 같아요. 일반적으로 실컷 부려먹다가 책상을 치워버린다거나 아주 비인간적으로 노동자를 괴롭히는 신종 노동자 탄압 수법들이 있거든요. 이게 소위 말하는 신자유주의 구조조정으로 직장환경의 질서가 굉장히 비인간적으로 심각하게 변모되다 보니까, 노동자들이 직장에서 겪는 피해와 고통들도 아주 교묘하고 심각한 내용으로 변화되고 있는 것 같아요. 이것에 맞추어서 산재도 바뀌어야 되는데, 안 바뀌는 거죠. 산재가 처음에 생겼을 때의 기준이 지금 바뀐 게 없어요. 산재의 범위만 늘어나고 있고……."(노조활동가 K)

5
'작업환경'과 '위험요인' 내용 수정하기

산업재해 관련 제도의 중요한 목적 중의 하나는 산업재해를 예방하고 안전한 작업장을 만들도록 하는 데에 있다(Cinney, 1986 : 456). 따라서 노동자를 산업재해의 위험으로부터 보호하고 안전하게 일할 수 있는 노동환경을 만들기 위해 산업안전보건(Occupational Health and Safety)은 중요한 문제로 제기된다. 산업재해는 노동자가 근무하는 기업의 위험성에 의한 것이기 때문에, 산업재해가 발생하면 사용자에게 이에 대한 보상의 의무를 지우는 한편, 안전한 작업환경을 위해 산업재해를 유발시킬 수 있는 위험요인에 대한 예방 의무를 강조한다.

산업안전보건법에서 안전한 작업장을 위해 기업의 예방, 관리를 필요로 하는 영역은 이제까지 주로 장비·시설의 관리, 위생 등 물리적 시설의 관리에 국한되어왔다. 물리적 위험 외에도 불편한 자세나 업무 스트레스 등의 건강에 영향을 미치는 비물리적인 요소들이 존재함에도 불구하고 산업재해 예방을 위해서는 충분히 고려되지 않았다(Messing, 1998 : 163).

특히 여성 노동의 현실에서 보면 성희롱, 성차별과 같은 요소는 실제로 여성의 건강과 안전을 해치는 요인이라는 점에서 성별화된 작업환경의 위험요인으로 중요하게 지적될 수 있다. 그러나 현재 산업재해 예방을 위해 안전관리에 힘써야 하는 작업환경과 위험요인이 '여성 노동자가 어떤 조건에서 일하는가?'라는 구체적인 현실에서 출발하지 않고 있어서 노동자의 건강과 안전의 문제에서 여성은 현실적으로 소외되고 있다(Messing, 1998 : 21). 그렇다면 산업재해 예방을 위해 고려해야 할 작업환경과 위험요인의 내용이 여성의 노동현실에 맞게 실질적으로 확대되기 위해서는 어떤 관점을 가져야 할까? 여기서는 구체적으로 이 질문에 대해 생각해보고자 한다.

1) '물리적 수단'에서 '구조적 관계'를 포함한 내용으로 확대

산업안전보건법은 산업재해를 예방하고 쾌적한 작업환경을 조성함으로써 근로자의 안전과 보건을 유지·증진함을 목적으로 하고 있다. 사업주는 이 법에 의해 근로자에게 적절한 '작업환경'을 조성함으로써 근로자의 신체적 피로와 정신적 스트레스 등으로 인한 건강장해를 예방하고, 근로자의 생명보전과 안전 및 보건을 유지·증진해야 할 의무를 가진다. 여기서 사업주가 건강장해를 예방하기 위해 안전하게 만들어야 하는 '작업환경' 을 구체적으로 살펴보면 다음과 같다.

이 법 제4장(유해·위험 예방 조치)에서 사업주가 예방해야 할 작업환경의 유해·위험은 기계·기구, 폭발 물질이나 전기, 에너지 또는 화학약품과 같은 물질의 관리, 물건의 취급·운반 시 사고 예방을 위한 조치와 화학약품 및 소음에 의한 조치, 적정한 환기와 청결 유지 등으로 명시되어 있다. 이 내용에서 보듯이 주로 안전한 작업환경의 범주는 물리적 수단을 관리, 규제하는 것에 국한된다. 그렇기 때문에 관리해야 할 위험요인(risk) 역시 여기에 맞는 물리적 사고 위험과 화학물질, 소음, 공해에 의한 위험과 같은 물질적이고 도구적인 수단으로 설정되어 있다.

그러나 법률상 작업환경의 위험요인만을 다룬다고 해서 우리가 안전한 작업환경을 만들고 있다고 말할 수 있을까? 물리적 작업환경이 안전하게 갖추어졌거나 작업환경에서의 위험요인이 조금 덜한 곳이라면 과연 안전하다고 할 수 있을까? 물질성, 물리성을 전제하고 있는 현재 작업환경의 범위 안에서는 화학약품이나 반복적인 노동을 규제할 수는 있더라도, 환경미화원,

건강 관리사, 미용사와 같은 직종의 경우 위험요인이 없을 거라고 생각할 것이다(Messing, 1998 : 156).

또한 물리적 요인인 생산수단과의 관계 외에도 비물리적 요인인 생산 내에서의 관계와 같은 일상성이 노동 문제에 중요하게 작용함에도 불구하고 이러한 문제도 위험요인으로 간주하지 않을 것이다. 직장 내 폭언, 폭행, 성희롱과 같이 일상적으로 노동자 내의 관계, 노동자 사이의 권력관계에서 발생하는 사건은 노동자에게 스트레스와 우울증 등의 정신질환을 유발시키고 고용차별을 재생산하는 기제가 되며, 심리적, 신체적으로 중요한 영향을 미치는 요인 중 하나이다. 여성 노동자의 건강에 대해 연구한 캐런 메싱(1998)은 임금 차이, 위계적인 위치와 같은 사회적 관계에 의한 요인은 노동자의 건강에 직·간접적으로 영향을 미치는 요인이기 때문에 '작업환경'의 범위로 고려해야 한다고 강조한다.

ILO의 산업안전보건 기본원칙(Fundamental Principles of Occupational Health and Safety)에서 위험(risk)이란, 특정한 위해가 실현될 것 같은 가능성을 말하며, 여기서 위해(hazard)란 "물질 또는 기계, 작업 방식 또는 다른 조직화의 형태를 포함하는 위험을 유발하는 잠재적인 것"이라고 정의하고 있다(Alli, 2001). 여기에서 보듯 작업환경 안의 위험요인은 물리적 요인뿐만 아니라 다른 조직화의 형태를 포함하는, 위험을 유발하는 잠재적인 모든 것을 의미한다. 이 정의에 따르면 기존의 물리적인 작업환경 외에도 조직관계 안에서 발생하는 다양한 요인들도 노동자의 건강을 위협하는 위험요인으로 생각할 수 있다. 하지만 현재 산업안전보건에서 다루는 작업환경은 물리적 위험요인을 중심으로 협소하게 관리되고 있다. 산업안전보건의 취지에 맞추려면 작업환경의 의미와 내용을 노동현실의 실질적인 특성을 고려하여 보다 확대·개선해나가야 한다.

실제로 유럽연합(EU)은 변화하는 노동환경 속에서 노동재해를 인식하고 이를 예방하기 위해 위험요인의 "복합성(complexity)"을 인지해야 한다고 보았다. 구조조정, 민영화, 신고용관계 등의 환경에서 더 이상 단일한 산업구조나 산업 형태에 기반한 전통적인 산재예방과 위험모델관리로는 충분하지 않다. 위험요인을 분산시켜 관리해야 하며, 조직, 기술의 발전, 문화, 개인의 행동 등의 작업 체계(work system)를 중요하게 고려하여야 한다(European Agency for Safety and Health at Work, 2002b).[17] 여기서 작업환경의 위험으로 사회, 경제, 문화, 인종적인 요인까지 중

---

17 European Agency for Safety and Health at Work(2002b), "Issue 7: Prevention of work-related accidents: a different strategy in a changing world of work?, European Conference and Closing Event of the European Week for Safety and Health at Work 2001", *FORUM*(7), pp.4~5, http://agency. osha.eu.int/publications/forum/7/en/index.htm.

요하게 고려해야 하며, 산업재해에서 위험은 예상치 못한 위험 요인을 발견해내듯이 직관적으로 발견해야 한다고 강조한다.

이러한 접근은 최근 노동재해의 양상이 조직의 위계 구조와 사회문화적 요인과 관련되기 때문에 가능해졌다. 유럽연합, 미국 등 서구에서 노동자의 안전과 건강을 위협하는 중요한 문제로 직장 내 폭력과 스트레스가 제기되면서 이를 산업재해 예방의 문제로 인식하고 있다. 직장 내 폭력은 상사, 동료, 고객 등 조직 내, 외에서 빈번하게 발생하는 문제로 피해자인 노동자가 실제로 통제할 수 없는 상황에서 폭력이 구조적으로 유지된다는 점에서 더 이상 개인적인 문제로 방치할 수 없다는 것이다.[18] 조직 안의 인간관계에서 발생하지만, 이러한 문제는 산업재해 예방을 위한 충분한 자료(data)로는 부족한 상황이어서 드러나지 않는다. 즉 "심각한 상처가 아닌 경우에는 산업재해로 보고되지 않는" 일반적인 경향으로 인해 직장 내 폭력은 그 심각성에도 불구하고 위험요인으로 인식하지 못하였다. 다행히 영국, 네덜란드, 스웨덴 등의 유럽연합의 여러 국가에서는 산업안전

---

18 European Agency for Safety and Health at Work(2002b), "Issue 7: Prevention of work-related accidents: a different strategy in a changing world of work?, European Conference and Closing Event of the European Week for Safety and Health at Work 2001", *FORUM*(7), p.7, http://agency.osha.eu.int/publications/forum/7/en/index.htm.

을 위해 직장 내 폭력에 대한 사업주의 예방 및 규제 장치를 마련하고 있고, 미국의 산업안전보건위원회도 직장 내 폭력을 사용자 책임으로 규정하고 있다.[19]

이와 같이 서구에서는 산업재해 예방을 위해 작업환경과 위험요인을 더욱 현실에 맞게 확대·재구성해가고 있다. 우리나라는 산업안전보건법에 정신적 스트레스에 대한 예방 의무를 추가하고 있지만[20], 예방 의무의 고지 외에 보다 구체적인 수준

---

19 이와 관련된 자료는 다음을 참고하면 된다. European Agency for Safety and Health at Work(2002b), "Issue 7: Prevention of work-related accidents: a different strategy in a changing world of work?, European Conference and Closing Event of the European Week for Safety and Health at Work 2001", *FORUM*(7), p.7, http://agency.osha.eu.int/publications/forum/7/en/index.htm,: Health and Safety Executive(1999), *Violence at Work: A Guide for Employers*, HSE Book UK. OSHA; P.L. 101~552, Section 3103, 1990(Hatch-Maillette & Scalora, 2002 : 279에서 재인용)

20 사업주는 앞으로 근로자의 신체적 피로와 정신적 스트레스 등에 따른 건강 장애 예방 조치를 의무적으로 시행해야 한다. 노동부는 사업주의 의무조항에 뇌·심혈관 질환 등 작업 관련성 질환 예방 의무를 추가하는 내용으로 산업안전보건법령과 산업안전기준에 관한 규칙을 개정했다(「근로자 스트레스 예방 의무화」, 『문화일보』, 2003.8.13, 「근로자 건강은 사업주가 챙겨야」, 『조선일보』, 2003.8.14, 『동아일보』, 2003.8.14). 이는 우울증, 정신질환 등의 업무상 재해 판정이 조금씩 증가하고 있는 현실적인 변화와 노동운동 진영의 산업재해 범위 확대 요구를 반영한 결과라고 할 수 있다.

의 실질적인 조치까지는 마련되지 않았다. 중대 재해 중심의 물리적 위험요인과 굴뚝산업 중심의 작업환경에서 나아가 앞으로는 적대적인 노동환경을 만들 수 있는 고용관계, 차별과 같이 사회문화적 요인을 산업재해 예방을 위한 위험요인으로 인식하고 안전한 근로환경을 위협하는 조직관계 안의 문제를 관리해 나갈 필요가 있다.

2) 성별화된(gendered) '작업환경'과 '위험요인'

일반적으로 같은 직종의 작업환경에서는 모든 노동자가 단일한 위험요인에 의해 같은 영향을 받는다고 가정된다. 그러나 노동자의 구성이나 작업환경으로 고려되는 사회적인 요인 등으로 인해 성별, 인종, 나이, 장애 여부 등에 의해 이들에게 작업환경은 다르게 의미화될 수 있다.

가부장제 사회에서 여성의 작업환경은 남성들과 차이가 있으며, 심지어 여성과 남성이 같은 직종에 있어도 여성이 다른 형태의 위험에 노출되기도 한다. 직종 안에서도 성별에 따라 업무의 종류와 형태, 조직 내의 관계에 따라서 위험에 노출된 정도의 차이와 그에 대한 해석은 다르게 나타난다(Mergler, 1995; Messing, 1998). 예를 들면 트럭운전기사의 요통은 당연히 산업재해로 간주되기 쉽지만, 일반적으로 교사, 서비스직의 노동자는 요통이 있더라도 이를 심각하게 고려하지 않고 산업재해와 관련이 없다고 생각한다. 사무직의 여성 노동자가 장시간 노동으로 인해 만성피로에 시달리는 문제도 작업환경의 영향임에도 불구하고 중요한 건강 문제로 고려되지 않는다.

일부 연구들은 작업환경에서의 위험요인이 성별화되어 있다고 설명한다. 1994~1995년에 한 신문은 미국 여성들이 직장에서 폭력으로 인해 사망할 가능성이 높다고 발표했다. 작업 중 사망한 여성의 42%가 직장에서 발생한 폭력이 그 원인인 것으로 밝혀진 반면, 남성은 19%가 폭력에 의한 사망이었다는 것이다.[21]

직장 상사, 동료, 고객 등에 의해 조직관계 내에서 발생하는 폭력의 위험은 조직 내의 지위와 노동시장에서의 지위와 관계가 있다. 노동시장에서 여성의 낮은 위치, 직장 내 성비 불균형과 같은 상황은 여성을 더욱 조직 내에서 취약하고 위험하게 만들기 때문에 여성이 더욱 폭력에 노출되기 쉽다. 이미 이명선(1998)은 직장 상사에 의한 강간과 같이 성차별적 노동시장에서 여성이 일반적으로 남성보다 낮은 지위에 있는 상황에서 경제적·사회적 강제에 의한 강간, 성폭력이 가능하다고 지적하였

21 Kedjidjian, C. B.(1996), "Work can be murder for women", *Safety and Health*(March), pp.42~25(캐런 메싱, 2012 : 218에서 재인용).

다. 성차별적인 조직문화로 인해 여성의 작업환경이 적대적이고 위험하게 만들어지고 여성은 이러한 상황을 통제할 수 없는 환경이 암묵적으로 조성되기 쉽다.

최근 미국의 한 연구에서는 성별에 따라 직장 내 성차별과 성희롱 경험이 다르다는 점에 주목하여, 직장 내 성차별, 성희롱 같은 성적 침해, 괴롭힘 행위가 건강을 위협하고, 건강의 성 불평등을 지속시키는 '사회적 위험(social hazard)'이라고 주장한 바 있다.[22] 여성에 대한 차별적인 대우는 근로조건의 일부로서, 직장 내에서 겪는 수치심과 폭력, 성희롱, 신체적 폭력을 야기할 수 있다. 직장 내 성차별은 업무능력을 저하시키고 자존감을 떨어뜨리게 되어 스트레스를 유발하는 요인이다(Messing, 1998 :

---

22 미국 웨이크포레스트대학교 사회학과 캐서린 하노이스 교수와 산타카타리나대학교 공중보건학과 조아오 바스토스 교수는 직장 내 성차별과 성희롱 피해 경험이 건강에 미치는 영향을 분석한 논문을 국제학술지 『건강과 사회적 행동(Journal of Health and Social Behavior)』 최근호에 발표했다. 연구진은 성별에 따라 직장 내 성차별과 성희롱 경험이 다르다는 점에 주목하여, 직장 내 성차별과 성희롱 피해 경험이 남녀 노동자들의 건강에 미치는 영향을 비교 분석했다. 분석에는 미국 전체 국민을 모집단으로 하여 표본 추출한 일반 사회 조사(General Social Survey)의 2006년, 2010년, 2016년 자료를 활용했다(「직장 내 성희롱 피해, 산재 인정해야, [서리풀 연구通] "성희롱은 '사회적 위험'"」, 『프레시안』, 2018.6.29).

120~121 ; Goldenhar 외, 1998).

직장 내에서 성 역할을 강조하고 남성 중심적 성문화가 지배적일수록 직장 내 성희롱 피해 정도는 심각하게 나타난다. 1999년 한국형사정책연구원의 직장 내 성희롱 실태조사에 의하면, 직장 내에서 성 역할을 강조하거나 남성 중심적인 성문화의 정도가 클수록, 남녀 차별 정도가 심할수록 직장 내 성희롱 피해가 높은 것으로 나타났다(전영실, 1999 : 177~244). 성희롱은 공포나 권력에 기인한 것으로 "미묘한 강간" 같은 것이며 "남성이 여성을 취약하게 만드는 한 방식"으로 행사되기 때문에(심영희, 1996 : 74), 여성을 같은 동료가 아닌 성적 대상물로 보는 남성 중심적 조직문화에서는 성희롱, 성폭력의 위험이 더욱 현실화되어 나타날 가능성이 크다.

사회 구조적으로 성희롱, 성차별과 같이 여성의 건강과 안전을 해치는 성별화된 위험요인은 점차 서비스 부문이 증가하는 노동환경에서 더욱 중요한 위험의 변수로 고려해야 한다. 그러나 우리나라 산업재해 예방을 위한 표준화된 내용에서는 성별의 차이에 대한 논의가 아직 간과되어 있다.

서구에서는 여성 노동자의 증가와 노동환경의 변화에 따라 직장 내의 다양한 위험요인을 반영하고 산업안전에서 성별을 고려할 것을 인식하고 있다. 서비스 직종에서 여성 노동자의 비율이 증가함에 따라 유럽의 산업안전보건기구(European Agency for Occupational Safety and Health at Work)는 직장 내 폭력과 스트레스의 위험에 관심을 기울이고, 이를 성인지적(gender-sensitive)으로 접근하고 있다. 유럽 산업안전보건기구는 직무 스트레스와 남성의 신체를 중심으로 설계된 도구, 장비가 여성의 건강에 부정적인 영향을 미치며, 표준 노동시간도 여성의 가사노동을 고려하지 않고 있어서 여성에게 부담을 가중시키는 결과를 초래하였다고 보고, 기존의 정책이 가진 성 중립성의 허구를 지적하였다.[23] 비슷하게 미국의 산업안전보건연구원에서도 여성 노동자의 증가 추세에 따라 2000년대부터 안전보건 연구사업을 확대하고 있다. 미국안전협회(NSC, 2001)에 따르면 주요 연구 분야로 근골격 질환 예방, 직업성 스트레스 예방, 임신여성 위험 예방, 작업장 폭력 예방, 비전통적 장비 이용, 암 위험예방, 산업의학 위험 예방 등을 들 수 있다. 이 중에서도 직업성

---

23 European Agency for Safety and Health at Work(2002a), "The Changing World of Work Trends and Implications for Occupational Safety and Health in the European Union", *FORUM*(5), , http://agency.osha.eu.int/publications/forum/5/en/index.htm,, European Agency for Safety and Health at Work(2002b), "Issue 7: Prevention of work-related accidents: a different strategy in a changing world of work?, European Conference and Closing Event of the European Week for Safety and Health at Work 2001", *FORUM*(7), p.6, http://agency.osha.eu.int/publications/forum/7/en/index.htm.

스트레스 예방 분야의 경우, 모든 노동자의 문제로 대두되고 있지만 여기에서 여성이 남성보다 질병 발생률이 두 배 이상 높기 때문에, 과중한 업무, 업무 역할의 모호, 의견 충돌, 직업 불안정 등의 요인 예방을 위한 연구 활동을 추진하고 있다. 작업장 폭력 예방 분야에서는, 편의점, 주유소, 요식업 등 주로 서비스업 위주의 사업장에서 여성에 대한 폭력, 강간, 살인 등의 위험 예방을 위한 연구를 추진하였다.

성 고정관념이 강하게 고착된 노동환경일수록 노동자의 성적 폭력과 그로 인한 산업재해가 발생하기 쉬운 조건이 만들어진다.[24] 여성에 대한 성차별이 만연한 사업장일수록 직장 내 성폭력이 일상적이고 광범위하게 나타난다는 사실은 작업환경에서 여성의 안전에 위협적인 요인이 정말 무엇인지 다시 질문하게 한다. 가시적인 물질이나 작업도구가 아니더라도, 일상적으로 끊임없이 노출되는 성차별적 조직문화와 노동현실이 여성의 산업안전을 저해하는 요인이라는 생각은 그동안 별로 고려되지 않았다. 하지만 성희롱으로 인해 노동자의 업무 수행 능력이

---

24 Gutek, B. A.(1985), *Sex and the Workplace*, San Francisco: Jossey-Bass; Pryor, J. B., LaVite, C. M., & Stoller, L. M.(1993), "A Social Psychological Analysis of the Person/Situation Interaction", *Journal of Vocational Behavior*, 42(1), pp.68~83(Dan, A. J. 외, 1995 : 576에서 재인용).

저하되고 정신신체적(psychosomatic) 문제에까지 영향을 미치고 있다는 사실은, 작업환경의 위험을 성인지적 관점에서 새롭게 보아야 함을 말해준다. 이미 1990년 ILO 심포지엄에서 이미 "성희롱이 피해자인 여성 노동자의 건강 및 안전, 존엄성을 해칠 뿐 아니라 고용, 경력관리에도 영향을 미치는 이중적 성격을 갖고 있으므로, 성희롱에 대한 대처는 노동환경의 차원과 동시에 고용기회 및 대우의 평등차원에서 접근되어야 한다"고 논의한 바 있다(최동주, 2000 : 45). 안전한 작업환경을 만들어야 하는 산업안전의 개념에서도 이미 성희롱에 대한 대처와 예방에 대한 모색을 선언적으로 다루고 있는 만큼, 이제는 작업환경에서 젠더 관점이 간과됨으로 인해 배제되어온 문제를 지적하고, 성별화된 작업환경으로 인한 위험을 적극적으로 문제 삼고 이를 시정할 수 있는 구체적인 방안을 찾아나가야 한다.

제3장

직장 내 성희롱을
산업재해로 볼 수 있는가

여기서는 앞에서 언급한 산재보상법의 산업재해 개념과 실제 적용된 의미를 통해 어떤 점에서 직장 내 성희롱이 산업재해의 성격을 갖는지 살펴보고자 한다. 직장 내 성희롱은 사건의 발생과 그로 인한 결과가 여성 노동자에게 신체적, 정신적 건강을 위협하고 노동을 지속하기 어렵게 만들기 때문에, 현행법으로도 업무상 사유에 의해 발생한 산업재해로 볼 수 있다. 그러나 이에 대한 구체적인 판단 내용이 충분히 제시되지 않았기 때문에 직장 내 성희롱을 산업재해로 인식하지 않고 있다.

앞에서 설명한 산업재해의 의미를 중심으로 하여 직장 내 성희롱을 산업재해로 해석할 수 있는 가능성을 충분히 검토하고자 한다. 실제 산업재해로 인정된 국내·외 사례를 간략히 살펴보는 것도 해석의 타당성을 높이는 방법이 될 것이다.

1

업무 관계로 인한 성희롱
: '업무상 사유'의 판단

산업재해에서 업무상 사유 여부를 판단하는 데 있어서 중요한 업무 수행성에 관한 우리나라 판례의 태도는, 회사의 업무 수행의 연장 행위로서 사회통념상 그 전반적인 과정에 사용자인 회사의 관리를 받는 상태하에 있었느냐를 기준으로 하고 있다. 그에 따라 '업무상 사유'는 행사의 성격, 업무 관련성, 회사의 적극적 지원 유무 등을 종합적으로 고려하여 판단하고 있어서, 산재보상법에서도 업무상 재해는 '작업시간 중'만이 아니라 작업시간 외, 휴게시간, 출장, 행사, 기타 등의 경우도 포함된다. 따라서 이러한 업무상의 사유에 대한 의미를 적용해볼 때, 회사의 관리를 받는 상태, 다시 말해서 업무와 관련하여 성희롱이 발생했다면 이는 업무상 사유에 의한 사고로 판단할 수 있다.

이미 직장 내 성희롱은 개념상으로도 '직장'이라는 특수한 공간, 즉 고용환경 안에서 발생하는 사고이기 때문에, 개인적인 문제가 아닌 업무와 관계된 문제임을 전제로 한다. 여기서 "직장 내"라는 의미는 반드시 공간적인 기준으로 직장 안/내부만을 의미하는 것이 아님은 당연하다.

실제 판례에 의하면 "직장 내 성희롱은 직장이라는 공간적 범위 및 근무시간이라는 시간적 범위 내의 행위로 한정되는 것은 아니라 할 것이어서, 그 언동이 행해진 장소, 시간 및 상황 등 구체적인 사정을 종합하여 직장 상사라는 직위를 이용한 것인지 또는 업무와 관련된 것인지 여부를 살펴보아야 할 것인 바"[1] 라고 하고 있다. 직장이라는 공간에 한정되는 것이 아니라 구체적인 상황을 고려하여 업무 관련성이 인정되면 직장 내 성희롱에 해당하는 것이다.

직장 내 성희롱에서 '업무 관련성'은 어떻게 판단해야 할까. 통상 업무 관련성은 '사무집행에 관한 것'과 같은 의미이다. 위의 판례를 보면 "업무와 관련된 행위에는 근로자의 업무 그 자

---

1 대법원 1988.11.22. 선고 86다카1923 판결, 1992.2.25. 선고 91
   다 39146 판결, 1996.1.26. 선고 95다46890 판결 등 참조(오정진,
   2003:118에서 재인용).

체 또는 이에 필요한 행위뿐만 아니라 이와 관련된 것이라고 일반적으로 보여지는 행위는 설사 그것이 근로자의 이익을 도모하기 위한 경우라도 이에 포함된다고 보아야 할 것이나, 구체적인 경우에 있어서 업무와 관련된 것인지 여부는 피용자의 본래 직무와 불법행위와의 관련 정도 및 사용자에게 손해 발생에 대한 위험 창출과 방지조치 결여의 책임이 어느 정도 있는지를 고려하여 판단하여야 한다"[2]고 하여, 업무 자체 또는 이에 필요한 행위로 일반적으로 보이는 행위라고 하고 있다. 그래서 사무집행은 외형적인 사무집행 행위뿐만 아니라 근무시간 외의 공식적인 회식, 야유회 등 사업주의 관리가 영향을 미치는 것까지 해당한다고 보고 있다.

사무집행에 대한 해석은 초기에는 매우 엄격하게 적용하는 편이었으나 점차 그 범위를 폭넓게 인정하는 추세로 나가고 있다. 성희롱에 관한 최초의 판례인 서울대 신교수 성희롱 사건에서는 사무집행의 기준을 엄격하게 적용하여 "피고의 성희롱 행위는 그 직무 범위 내에 속하지 아니"한다고 본 데 반해, 2002년 롯데 호텔 성희롱 판례에서는 "외형상 객관적으로 사용자의 사업 활동 내지 사무집행 행위뿐만 아니라 그 행위 과정이 사업주의 지배·관리하에 있다고 볼 수 있는 이상 그와 관련된 것에까

---

2 서울지방법원 2002.11.26. 선고, 2000가합57462 손해배상(기) 판결.

지 미친다고 보아야 할 것이므로, 직장 내 근무시간은 물론 회사가 그 비용을 지원한 공식적인 회식이나 야유회, 체육대회나 그 밖에 객관적으로 이에 준하는 것으로 평가될 수 있는 회사의 임원 등 간부들이 공식적으로 주재하는 회식 등에까지 미친다 할 것이다"(서울지방법원 2002.11.26. 선고, 2000가합57462 손해배상(기) 판결)라고 하여, 회식 자리, 근무시간 외에 일어난 성희롱도 직무 범위 내의 문제로 보고 사용자 책임을 인정하고 있다.

그러나 이 역시 사용자 책임을 일부 인정했으나, 사용자 책임에 대한 직무 범위를 협소하게 해석했다는 비판에서 자유로울 수 없다. 국미애(2003, 2004)는 롯데호텔 성희롱 사건 판결이 '직장 내의 지위를 이용한 것'으로 성희롱을 인정했음에도 불구하고 그러한 성희롱 행위에 대해서는 '직무 범위 내에 속하지 아니한다'는 이유로 사용자 책임을 인정하지 않고 이 둘을 구분하는 법 집행의 협소한 태도를 지적한다.

직장 내 지위를 이용한 것과 직무 범위 내에 속하는 것, 이 둘을 분리하고 있는 것은, 직장 내 성희롱에 대해 '직장 내 지위를 이용해서 문제를 일으켜도 그것이 업무와 관련이 없을 수 있다'는 기본적인 가정이 전제되어 있기 때문이다. 가해자가 직장 내의 지위를 이용하거나 "일과 관련해서 상의할 게 있다"면서 업무와 관련한 이유로 피해자를 불러내어 성희롱했다면 우리는 그러한 경우를 두고 과연 업무와 무관한 행위라고 말할 수 있을까?

통상적으로 직장 내 성희롱은 직장 안에서 발생할 뿐만 아니라 직장 밖에서 사적인 만남을 가장해서 일어나는 경우가 많다. 공식적인 회식 자리 이후의 2차, 3차의 회식 자리에서 일어나거나 직장 내의 지위나 관계를 이용하여 직장 밖에서 만났을 때 성희롱이 일어나기도 한다. 이 경우, 사용자의 관리에 영향을 미치는 범위로서 사용자 책임을 부과해야 하는가에 대해 다소 논란이 있다.

아직까지도 대부분 법원의 판단은 직무 범위를 협소하게 보기 때문에, 직장 내의 지위를 이용하여 성희롱 사건이 발생하더라도 여기에 사용자 책임을 적극적으로 부과하지는 않고 있다. 하지만 사건의 발생 자체가 이미 업무 관계로 인해 맺어진 것으로 직장을 매개로 하지 않았다면 이러한 일이 일어나지도 않았을 것이다. 따라서 직장 내 성희롱은 둘 간의 관계를 단순히 사적인 관계, 개인적인 관계로 보고 둘 사이의 문제로 간주하기는 어렵다.

또한 사건이 발생한 이후에 미치는 영향을 개인의 차원, 가해자–피해자가 속한 직장을 중심으로 한 관계의 차원으로 분리하여 전자만의 문제로 분리하여 보기는 사실상 어렵다. 대부분의 성희롱이 성차별적인 조직문화를 이용하여 발생하고 있으며 사건 발행 이후 보복, 징계와 같이 실질적인 불이익이나 고용상의 성차별을 받는 결과로 이어지고 있는 것은 직장 내 성희롱 피해가 내재한 업무 관련성의 다양한 양상을 보여주는 것이다.

한국여성민우회(1998)의 조사 결과에 따르면, 조사대상자 전체의 77%가 성희롱이 직장생활에 부정적인 영향을 미쳤다고 응답한 바 있다. 이 중 절반 이상인 55.6%는 일, 삶, 여성으로서의 정체감에 대한 회의를 느꼈으며, 7.8%가 결근, 병가나 휴가를 신청하거나, 업무 수행에 차질을 빚은 경험, 이직을 생각한 경험이 있다고 하였다(한국여성민우회 여성노동센터, 1998 : 49). 직장 내 성희롱 피해자가 심리적으로 위축되어 업무에 지장을 초래하게 되고, 심지어 퇴사라는 방법으로 피해 상황을 모면하는 것(김경신 · 김정란, 1999 : 5)은 보이지 않는 실질적인 불이익에 해당한다.

실제로 '롯데호텔 성희롱' 사건에서 호텔 측이 성희롱 피해 사실 신고를 이유로 재계약을 하지 않는 등 보복성 부당 해고를 취했지만, 피해자들이 성희롱 소송 이후 회사로부터 너무 시달리고 괴롭힘을 당해서 부당 해고에 대한 고소를 하기에는 너무 지쳐버린 상태가 되었다. 그만큼 직장 내 성희롱이 사건 당시에 잠깐 당황하거나 충격을 받는 정도를 넘어서 개인의 노동과 실질적인 업무 수행에 영향을 미치고 있다.

많은 수의 성희롱 피해자가 피해를 드러내기까지 자기 비난을 감수해야 하며 신고 이후에도 낮은 업무 평가와 승진 차별, 부서 이동 및 해고 등의 실질적인 보복에 대한 두려움으로, 법정 소송 및 공식적인 문제 제기를 하기는 어렵다고 알려져 있다. 성희롱을 문제 제기하는 것이 개인에게 유·무형의 불이익으로 연결된다는 것 자체가, 문제 제기 자체가 그 기업 혹은 조직에 나쁜 영향을 미치기 때문에 하지 말았어야 한다는 시각을 전제하고 있는 것이다.

이런 상황을 고려할 때, 직위를 이용한 직장 내 성희롱 사건은 그 사건의 발생 자체만이 아니라 그것이 미치는 여파, 실질적인 고용상의 불이익 등을 고려하여 직무 범위와 업무와의 관련성을 폭넓게 판단할 필요가 있다.

직장 내 성희롱에 대한 업무 관련성에 대해 살펴보았듯이, 산업재해로서 직장 내 성희롱의 업무 관련성에 대한 판단 역시 적극적으로 해석되어야 한다. 직장 내 성희롱은 사건이 일어난 시간에 관계없이 사업주, 상급자, 근로자가 직장 내의 직위를 이용하여 업무와 관련하여 다른 근로자에게 가한 행위라고 볼 때, 사건의 발생 자체는 업무 중 사유에 의한 사고이다.

또한 이는 타인에 의해 발생한 산업재해로 볼 수 있다. 타인의 폭력에 의한 산업재해에 대한 판례에 따르면, 그 판단 기준이 사적인 관계가 아니라 직장 안의 인간관계 또는 직무에 내재하거나 통상 수반하는 위험의 현실화로서 업무와 상당 인과관계가 있어야 한다고 하고 있다.

> 업무상 재해는 업무 수행 중 그 업무에 기인하여 발생한 재해를 말하는 것이므로, 근로자가 타인의 폭력에 의하여 재해를 입은 경우 그것이 직장 안의 인간관계 또는 직무에 내재하거나 통상 수반하는 위험의 현실화로서 업무와 상당 인과관계가 있으면 업무재해로 인정되지만, 가해자와 피해자 사이의 사적인 관계에 기인한 경우 또는 피해자가 직무의 한도를 넘어 상대방을 자극하거나 도발한 경우에는 업무기인성을 인정할 수 없어 업무상 재해로 볼 수 없다(대판 1995.1.24.94누8587).

일종의 타인의 폭력으로 재해를 입은 경우에 해당하는 직장 내 성희롱은 직장 내의 직위와 성별 권력관계를 이용한 것으로, 이는 성차별적 조직사회의 위험이 현실화되어 나타난 것으로 업무와 상당한 인과관계가 있다고 할 수 있다. 직장 내 성희롱을 업무상 사유로 인해 타인에 의해 발생한 산업재해로 보는 것은 타당하다.

다만 여기서 산재근로자가 업무와의 인과관계를 입증해야 하는 원칙이 있기 때문에, 성희롱 피해를 드러내기 어려운 남성중심적 사회의 현실에서 피해자 비난과 실질적인 고용상의 불이익 등을 감수하면서까지 피해자의 입증 책임을 부담하는 것은 피해자에게 부담을 가중시킬 수 있다. 이 경우 업무와의 인과관계에 대한 판단은 피해자의 상황에 비추어서 해석되어야 한다.

제3장 직장 내 성희롱을 산업재해로 볼 수 있는가

2

직장 내 성희롱 피해

　직장 내 성희롱이 건강에 미치는 영향은 불안, 두려움, 공포, 분노, 신경증, 우울증, 자존감의 손상, 대인 기피증 등으로 다양하며(Paludi, 1999; 장필화, 1994, 천대윤, 1999), 때에 따라서는 그 증상이 심각하게 나타나기도 한다. 직장 내 성희롱 상담가들이 지적하듯이, 피해자들의 정신적 고통은 스트레스, 우울증 등 우리가 알고 있는 것보다 심각하며 다양하게 나타나고 있다.

　성희롱 피해자는 성희롱으로 인해 다치거나 사건 이후까지 후유증을 겪고 있다고 고통을 호소하기도 한다.[3] 사례 A는 회식

3　여기에 인용한 사례들은 한국여성민우회, 평등의 전화의 2000년, 2001
　년, 2002년 직장 내 성희롱 상담사례와 상담자와의 인터뷰를 통해 알게

자리에서 직장 동료가 시비를 걸고 성희롱을 하여 도망가자, 가해자가 계속 쫓아오면서 팔과 머리를 잡아당기면서 끌려가서 양쪽 팔에 멍이 들었다. 사례 B는 직장 상사(계장)와 말다툼 끝에 속옷이 보이도록 질질 끌려가서 위협을 받는 과정에서 팔과 엉덩이, 허리에 2주 진단의 상처를 입었다. 성희롱은 '경미한 사건' 정도로 인식되고 있지만 사건 과정에서 피해자는 이와 같은 신체적 상처를 입는 상황이 발생하기도 한다.

성희롱 사건으로 인해 피해자는 정신적 증상을 겪기도 한다. 사례 C는 25인 이상 사업체에 다니는 여성으로 회사 야유회에서 상사에 의한 신체적 성희롱을 당했다. 이 충격으로 그녀는 가해자를 보면 불안 증세를 보이고 경기를 일으키게 되었다. ○○휴게소에서 일하는 사례 D도 마찬가지로 수년간 상습적인 성희롱으로 인해 심한 우울증 증세를 보여 정신과 치료를 받고 있다. 사례 E는 회식 자리에서 상사에 의한 성희롱으로 몸을 다쳤고, 그로 인해 그 뒤로는 남자만 봐도 두렵고 집에서 화를 내거나 소리를 지르는 등의 난폭한 행동을 자신도 모르게 한다고 자신의 고통을 호소하였다.

된 내용을 인용한 것이다. 상담사례가 비공개인 점을 감안하여 자세한 내용은 밝히지 않고 부분적으로 성희롱에 의한 증상을 호소하고 있는 경우를 중심으로 설명하였다.

이러한 모습은 억압된 분노가 외부로 폭발하거나 내부로 향하여 파괴적으로 나타나는 성폭력 피해의 전형적인 증상으로 볼 수 있다. 성폭력 피해자는 분노를 표현하지 못하도록 사회화되어 자신의 분노를 자각하지 못하거나 자각해도 이를 제대로 표현하지 못하는 경우가 많기 때문에, 분노를 자기 자신에게 돌림으로써 우울감으로 바뀌거나 자해행위 또는 다른 파괴적인 행동을 보인다는 것이다(김정규, 1998 : 334).

또한 지속적인 성희롱을 겪고 있음에도 주변 동료들이 이를 묵인하는 상황에서 피해자는 무력감을 느끼기도 한다. "얼굴도 어두워지고 자신감도 없어지는 것 같다"는 피해자의 표현과 같이, 성희롱 피해자는 상실감, 그리고 허무감과 자신에 대한 무가치함을 겪기도 한다(김정규, 1998 : 334; 천대윤, 1999; Tong, 1984). 성희롱 피해자들은 대부분 그 상황 자체가 발생한 데 대해, 자신이 피해자임에도 불구하고 이를 쉬쉬하는 주변 분위기로 인해서 오히려 자신이 무기력한 존재라고 느끼는 경우가 많다. 가해자에 의해 자신의 세계가 계속 침해당하면서도 이를 중지시킬 방법이 없을 때 피해자는 마침내 절망감을 넘어 무기력감에 빠지게 된다. 무기력한 감정은 자신을 내적으로 통제하는 능력을 저하시키는 것으로 이어지기도 한다. 아비나와 오도노휴(Avina & O'Donohue, 2002)의 연구에 따르면, 성희롱은 개인의 안정과 신체적 영역에 대한 침해일 뿐 아니라 그로 인해 자신이 합법적으로 통제할 수 있는 상황에 대한 통제력을 잃는다는 점에서 신체적 온전성(Threat to Physical Integrity)에 위협을 가하는 행위라고 설명한다. "신체적 온전성을 위협"한다는 것은 첫째 피해자의 재정적인 안정의 위협, 둘째 개인의 가치와 영역의 위협, 셋째 자신의 합법적인 통제력에 대한 위협이라는 의미를 갖는다.

이러한 신체적 온전성을 위협받는 상황에 대한 경험 또는 목격은 충분히 트라우마를 구성하며, 이러한 반응을 외상 후 스트레스 장애(PTSD) 증상으로 설명하고 있다. 아비나와 오도노휴 (2002)는 외상 후 스트레스 장애에 대한 기준 가운데 일부를 다음과 같이 제시하면서, 성희롱이 이 기준에 부합하고 있다고 설명한다.

미국 정신의학회의 분류에 따른 외상 후 스트레스 장애(PTSD) 기준

A. 다음과 같은 트라우마 사건(traumatic event)에 노출된 사람

1) 실제 죽음을 위협받거나 심각한 장해, 또는 신체적 온전성(physical integrity)에 위협을 받을 만한 상황 또는 사건을 경험하거나 목격하거나 직면한 사람

2) 극도의 두려움, 무기력함, 공포와 관련되어서 보이는 반응

B. 그 사건과 관련한 심각한 고통(distress)을 다시 경험하는
   것

C. 관련된 자극을 피하는 것

D. 극도의 긴장(Hyperarousal)[4]

여기서 모든 성희롱이 위의 기준에 부합할 수는 없지만, 성폭
력과 성추행 등을 포함한 심각한 형태의 성희롱의 경우는 위의
A(1)에 부합하며, 그 외 '심각하지 않다'고 간주되는 성희롱의 경
우도 "신체적 온전성에 위협(Threat to Physical Integrity)"이 된다
는 점에서 기준에 부합할 수 있다. 아비나와 오도노휴의 연구를
통해, 강간, 추행 등의 심한 신체적 성희롱만이 아니라 적대적
환경을 조성하는 여러 형태의 성희롱까지도 스트레스 장애를
낳는 사건으로 볼 수 있어 성희롱 트라우마를 확장해서 이해할
수 있다.

이 밖에도 자신의 고통이 두통, 복통, 목의 통증과 같이 신체
로 전이되어 나타나는 성희롱 피해 사례도 있다. 사례 E는 상사
가 상습적으로 성적 불쾌감을 주는 글을 보내거나 인터넷으로
포르노를 보는 등 환경형 성희롱을 지속하여 과민성 대장염 증
세가 생겼다고 한다.

---

4 Statistical Manual of Mental Disorder(DSM−Ⅳ; American Psychiatric As-
   sociation, 1994.

송민수(2018)는 산업안전보건연구원이 실시한 2014년 근로환경조사 자료를 분석한 결과, 직장 내 성희롱 피해자들은 그렇지 않은 노동자에 비해 두통, 복통, 호흡 곤란, 불안장애, 전신피로, 수면장애 등의 문제를 앓고 있어 건강상의 문제가 많이 나타나고 있음을 확인하였다.

이러한 사례와 연구들을 통해 의학적 소견 외에 사실관계나 정황으로 보더라도 직장 내 성희롱에 의한 피해는 '경험칙상'으로도 명백하다고 할 수 있다. 물론 그 고통이 사건의 정도나 정황, 피해자의 특성 등에 따라 달라질 수 있겠지만, 성희롱 피해로 나타나는 다양한 형태는 성희롱 후유증, 성희롱 증후군(sexual harassment syndrome)으로 명명할 수 있다. 일반적으로 산업재해에서 업무와 상병과의 인과관계를 판단할 때 의학적 소견과 같은 전문가의 의견이 중요하게 작용한다는 점을 고려하면, 성희롱에 대한 의학적, 심리학적 연구에 근거하고 있는 직장 내 성희롱 피해 양상은 성희롱에 의한 증상의 인과관계를 설명하는 데에도 중요하게 작용할 것이다.

3
직장 내 성희롱을
산업재해로 인정한 사례

　직장 내 성희롱은 직장 내 직위와 업무 관계 등으로 인해 발생하여 사건 이후에까지 업무에 미치는 영향이 불이익을 수반할 뿐 아니라 여성 노동자 개인의 신체적, 정신적 고통으로까지 이어지고 있다.

　이처럼 산업재해의 성격을 띰에도 불구하고 우리나라에서 직장 내 성희롱으로 산재보상을 받은 사례는 그리 많지 않다. 2000년 ○○○금고의 성희롱 피해 1건과 2011년 ○○차 사내하청 여성 노동자 피해 1건 정도에 불과하다.

　이 중에서 ○○차 사내하청 여성노동자 성희롱 사건의 피해는 제조업 분야에서 직장 내 성희롱으로 인한 정신질환 피해에 대해 산업재해로는 우리나라에서 처음 인정한 사례라는 점에서

의미가 있다.[5]

우리나라에서 직장 내 성희롱 피해를 산업재해로 신청한 최초 2000년 사례는 직장 상사가 지속적으로 성희롱을 해온 데다가 회사 문제로 상의를 하자고 피해자를 불러내어 성폭행을 시도한 사건이다. 이 과정에서 피해자는 전치 3주의 진단을 입었고, 사건의 후유증으로 정신과 치료를 받는 등 신체적, 정신적 피해를 입었다. 피해자는 이 사건을 직장 내 성희롱으로 지방노동청에 신고했고, 직장 내 성희롱이 업무상 위력에 의해 발생한 사고이기 때문에 이로 인한 피해에 대해 근로복지공단에 산재보상을 신청하였다.[6]

---

5 "현대차 사내하청 여성노동자 성희롱 피해 산업재해 승인을 환영한다!" 한국여성민우회 성명논평(http://www.womenlink.or.kr/statements)

6 "부산 ○○○금고 성폭행사건 산재신청 관련 민주노총 부산본부 보도자료", 민주노총 홈페이지 산업안전 자료실(http://www.nodong.org/index.php).

지난 3월 6일 개금 2동 ○○○금고에 6년째 근무 중이던 여직원을 같은 직장 상무가 회사 내 문제를 논의하자며 밖으로 불러낸 뒤 성폭행을 자행한 사건이 발생했다. 이사장이 있지만 사실상 전권을 휘둘러온 상무는 평소에도 직장 내 여직원들에게 술을 먹자, 나이트 가자며 간접적인 성희롱을 계속해왔고 이날도 업무 때문에 보자며 여직원을 불러냈던 것이다. 이 사건의 후유증으로 피해자인 여직원은 당시 상해 3주 진단과 정신적 충격으로 입원해서 한 달간 신경정신과 치료를 받았고, 현재까지 통원치료하는 등 대단히 심각한 상황에 놓여 있다. … 3월 6일 사고

이 과정에서 사용자는 성희롱 문제 자체를 "둘 사이의 일"로 보아 고충 신고를 한 피해자에게 오히려 "징계하겠다"라며 피해자의 문제 제기에 협박과 불이익으로 대응했다. 당시 산업재해 심사 담당 기관인 근로복지공단에서도 처음에는 피해자의 산재요양 신청을 그간의 사례가 없다는 이유로 "산재가 안 된다"며 산재 신청조차 거절했다고 한다. 사용자와 관련 행정기관이 가진 직장 내 성희롱에 대한 문제의식의 한계가 드러나는 지점이다. 이런 상황에서 근로자의 피해 구제 조치가 적절하게 취해지길 기대하기는 어려울 수밖에 없다.

그나마 이 피해자는 전치 3주의 "부상을 입힌 사실이 확인되

가 발생한 다음 날(3월 7일) 피해자는 경찰서에 신고하고 병원에서 상해 3주 진단을 받고 곧바로 입원 치료를 받아야 했고 이를 위해 사업주인 이사장에게 이 사실을 알리고 업무상 휴가를 요청했다. 그러나 피해자로부터 고충 신고를 접수받은 이사장은 "둘 간에 일어난 일이다 업무상 휴가는 안 된다"며 피해자의 휴가신청을 거부했으며 … 피해자에 대해서도 "징계하겠다"며 고충 신고 접수자체를 사실상 묵살했다. … 근로복지공단은 "상무 김○○는 이사장을 보좌하는 업무 총괄 관리자로서 사원 ○씨를 외부로 불러내 업무와 관련한 의견을 나눈 뒤 성폭행을 시도하여, 부상을 입힌 사실이 확인되어 산재보험법의 규정에 의거 업무상 재해로 결정한다"고 밝혔다. 직장 내 성폭력으로 인해 다쳤다면 당연히 산재요양이 되어야 함에도 요양신청을 요구하는 피해자에 대해 '근로복지공단이 인정해도 나는 인정 못한다'며 사업주 확인조차 거부해 결국 사업주 확인 없이 산재요양신청이 접수(5월 12일)되었다. … (이하 생략)

어" 시간이 경과한 후에야 산업재해보상을 받을 수 있었다. 그 이후 최초로 직장 내 성희롱으로 인한 정신적 피해에 대해 산업재해 승인을 받은 사례는 2011년이다. 2009년부터 ○○자동차 하청업체 소장과 조장으로부터 지속적으로 성희롱을 당했던 피해자는 불안과 우울증 등 증상으로 혼합형 불안우울장애와 적응장애 진단을 받고 치료를 받다가, 2011년 근로복지공단에 산재요양 신청을 접수하여 11월에 승인을 받았다. 근로복지공단이 직장 상사의 성희롱, 폭언 등으로 인한 업무상 재해를 인정함으로써, 직장 내 성희롱을 남성 중심적인 문화에 기인한 업무상의 사유로 발생하는 사고, 산업재해로 인식하는 전향적인 판단을 했다고 볼 수 있다.

직장 내 성희롱의 산업재해 인정이 매우 드물게 발생하고 있는 우리나라에 비해, 외국에서는 이러한 피해 구제를 산업재해로 보상하는 접근이 공론화되고 있다. 캐나다, 미국 등에서는 직장 내 성희롱으로 인한 정신적 손해를 산업재해보상의 범위 안에 포함시키고 있다. 캐나다의 경우 ① 아랫사람, ② 동료, ③ 상사에 의한 지속적인 성희롱뿐만 아니라 ④ 직장 내 성희롱 가해자로 오인됨으로써 그로 인해 조사 과정에서 받았던 고통에 대해서도 산재보상보험을 적용한 판례가 있을 정도이다.[7] 또한

---

7 ① DeBellefeuilli et Ministère de la Justice du Québec, [31/07/1986], BRP

캐나다 일부 지역에서는 여성 노동자들이 직장 내 성희롱 등 업무 중 발생한 심리적 손상에 대해 산재보상을 받으면서, 성희롱이 차별의 한 형태일 뿐만 아니라 직무 스트레스의 요인으로 인식되고 있다.[8]

특히 미국은 직장 내 성희롱에 대해 피해자가 보상적, 징벌적 손해배상 소송을 할 수 있는 한편, 주 법원이나 연방 법원의 산재배상법(Worker's Compensation Act)에 의해 상해에 대한 의료 비용과 필요한 요양 기간의 생활비를 지불받을 수 있다(Friedman 외, 1994). 기업이 사회적 책임을 다하지 못한 데 대한 처벌을 강조하는 미국은 1990년대 이후 직장 내 성희롱에 대해 주로 징벌적 손해배상을 적용하고 있지만, 산재보상법은 사용자 책

9315968.

② P.D. et Ville de F., [1993] CALP 997.

③ Gravel et Ministère des Anciens Combattants, [1990] BRP., 249. Lafeleur et Syndicat des Employés de la Commission Scolaire Régionale de Tilly, [03/10/1985] BRP 8643222., Anglade et Communauté Ur baine Montréal, [17/06/1988] CALP 60−00247−8209.

④ Y.L. et Compagnie M., [1993] CALP 986.(Lippel, 1995 : 279, 288에서 재인용).

8 Lippel, K.(1993), Le stress au travail: Indemnsation des atteintes à la santé en droit québécois, canadien et américain. Editions Yvos Blais, Cowansville, pp.53~60.(Messing, 1998:121에서 재인용).

임을 요구하기 위해 고용주를 고소하는 과정의 불편함을 대체하기 위한 방법으로 활용되고 있다.

우리와 가까운 일본은 이미 1999년에 직장 내 성희롱을 스트레스와 함께 산업재해 대상에 포함시키고 있다. 그러나 이에 대한 적용이 실질적으로 이행되지 않는다고 보고, 지난 2005년 직장 내 성희롱의 산업재해 적용 방침을 강력하게 권고한 바 있다. 일본 역시 직장 내 성희롱이 증가 추세에도 불구하고 이를 감독하는 당국과 사용자 측이 안이하게 대처한다고 보았기 때문이다. 후생노동성은 지난 몇 년간 직장 내 성희롱의 산업재해 신청이 7건에 달했으나 실제 인정된 건은 1건에 불과했다며, "직장 내 성희롱은 산업재해 판단 시 평가대상이 되며, 피해가 극단적으로 큰 성희롱이 아니더라도 발생 후 직장의 대처가 적절하지 않은 경우는 산업재해로 인정되어야 한다"고 직장 내 성희롱의 산업재해 적용에 대한 강력한 시행 의지를 밝혔다.[9] 이후 2007년 일본 가나가와(神奈川)현 오다와라(小田原)시 지방노동기준감독서(노동사무소)에서는 직장 내 성희롱으로 인한 우울증 피해 여성에 대해 산업재해로 인정한 사례 등을 언론에서

---

9 "日, 직장 성희롱 의한 정신질환 산업재해 인정" 경향신문 2005.12.13. 일자 인터넷 기사.

보도하였다.[10]

　우리나라에서는 직장 내 성희롱의 경우 남녀고용평등법에 의한 신고와 민법에 의한 손해배상청구에 대해 잘 알려져 있다. 그에 비해 성희롱의 피해를 산업재해보상으로 구제받을 수 있는 방법은 별로 알려지지 않았다. 사실 산업재해 관련법의 취지와 같이 근로자의 재해를 보호하기 위해서라면 일본 등 다른 나라와 마찬가지로 직장 내 성희롱도 또 하나의 산재의 유형으로 포함하여 인식할 수 있다. 그러나 아직 직장 내 성희롱에 대해 실제 산재보상제도를 적용하는 데에는 한계가 있어 보인다.

　산재보상제도의 취지를 살리고 제도의 실효성을 갖기 위해서는, 직장 내 성희롱과 같은 사각지대에 놓여 있는 문제를 산업재해로 인식하기 위한 사회적 여건이 먼저 마련되어야 한다. 그렇다면, 실제 산업재해로의 적용에서 불충분한 현실적 조건을 어떻게 개선해야 할지 생각해보아야 한다.

---

10 "직장 내 성희롱도 산재, 日 지방노동사무소 결정" 문화일보 2007.5.18.
　일자 인터넷기사.

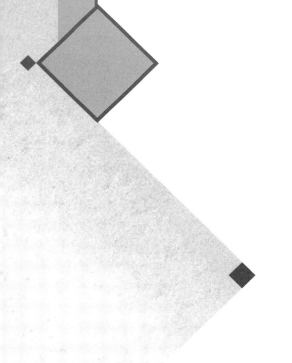

직장 내 성희롱,
산업재해로 적용하기
위한 조건

1
피해를 의학적으로 객관화하기

일반적으로 산재보상 여부를 판단할 때 상병과의 인과관계는 의료진에 의한 "의학적인 공증"을 통해 입증하고 있다. 의사의 의학적 소견이나 자문을 통해 발병한 증상이 업무와 인과관계가 있는지를 판단한다는 의미이다. 그만큼 의학적으로 객관화된 질병, 증상에 한해 산업재해로 인정되므로 이 기준에 부합하지 않는 경우는 산재심사 시 승인되지 않는 경우가 많다. 법원에서 소송을 통해 산업재해로 인정된 사례인 데에도 근로복지공단의 1, 2차 심사에서 승인되지 않은 경우가 허다한 이유도 이러한 의학적 객관화라는 기준에 미치지 않거나 이 기준으로 증상의 인과관계성 여부를 따지기 어렵기 때문이다. 직장 내 성희롱에 의한 산재보상이 현실적으로 어려운 이유도 바로 "의학적 공증이 안 돼서 객관화하기 어렵기 때문에 피해를 입증할 수 없다"고 할 수 있다.

근로복지공단은 "우울증"이나 "신체적 상해를 입은 경우"는 직장 내 성희롱의 피해로 볼 수 있지만, 과민성 대장염과 같이 신체적으로 전이되는 그 외의 다른 피해에 대해서는 인과관계의 여부를 입증하기 어렵다고 설명한다. 일반적으로 산업재해보험 처리를 위해서는 진단서, 병명과 소견서, 진료차트, 상담기록지 등을 근거로 근로복지공단에서 해당 의학과 전문가 자문을 거쳐 결정한다. 이 과정에서 산업재해로 다치거나 질병이 있는 경우가 대부분이기 때문에, 성희롱에 대해서 드러나는 질병이나 그런 것에 관한 인식이 부족한 경우 산업재해 판정이 어려울 수 있다. 왜 이러한 질병에 대한 연구와 인식이 부족할까?

캐런 메싱(2012)에 따르면, 일반적으로 여성과 직업건강 연구는 〈그림 2〉에서와 같이 선행 연구의 부족으로 인해 위험이 알려지지 않고, 그로 인해 연구의 필요성이 인식되지 못하여 후속 연구가 이어지지 않는 악순환을 낳고 있다. 여성이 종사하는 대다수의 직종에서 여성이 겪는 산업재해의 위험은 잘 드러나지 않는다. 그로 인해 여성의 일은 안전하다는 가정이 지배적인 인식으로 자리잡게 된다. 이러한 가정으로 인해, 산업재해가 다양한 형태로 나타남에도 불구하고 여성이 노동하는 과정에서 경험하는 산업재해에 대한 사회적 관심을 사전에 차단하여 산업

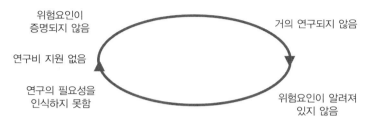

[그림 2] 여성과 직업건강 연구의 악순환 구조

여성의 일이 안전하다(women's work is safe)는 가정

위험요인이 증명되지 않음

거의 연구되지 않음

연구비 지원 없음

연구의 필요성을 인식하지 못함

위험요인이 알려져 있지 않음

자료 : Messing(1998), One—Eyed Science: Occupational Health and Women Workers, Temple University Press, p.79.(캐런 메싱, 2012, 번역본 156페이지 참조)

보건(occupational health) 영역에서 새로운 문제, 특히 여성 노동자의 건강 문제가 제기되지 못하고 있다.

직장 내 성희롱의 피해도 이와 같다. 실제로 피해가 현실에서 존재하고 있지만 관련 연구가 부족하여 '객관적'인 입증을 확보하기 어렵고, 그에 따라 계속해서 피해가 인정되거나 드러나지 않고 있다. 직장 내 성희롱을 고용상의 성차별 문제로 인식하게 된 것은 이에 대한 연구가 활발해지면서 사회적으로 문제 제기가 되었기 때문이다. 마찬가지로 직장 내 성희롱을 여성 노동자의 건강을 위협하는 문제로 제기하는 연구는 국내에서 그리 활발하지 않아 보인다.

외국의 경우, 성폭력 피해의 심리적 후유증에 관한 연구 결과가 축적된 토대 위에서 성희롱 피해를 의학, 심리학과 연결하여 객관화하려는 시도가 꽤 오래전부터 있어 왔다. 연구자들은 성희롱으로 인해 나타나는 증상은 강간 트라우마(rape trauma syndrome)와 유사하나(Rabinowitz, 1996 : 207~208; Paludi 외, 1999 : 132), 성희롱 피해자들이 겪는 고통과 여러 가지 증상이 대체로 유사한 패턴을 갖고 있다고 설명한다.[1] 하네드와 피츠제럴드(Harned & Fitzgerald, 2002)는 직장 내 성희롱과 섭식 장애(Eating Disorder Symptoms)의 관계를 밝히기도 했다. 이들은 성희롱이 섭식 장애의 여러 요인 중 하나의 잠재적인 병인이며, 성추행이 아니라 성희롱의 영향만으로도 섭식 장애에 하나의 독립적인 요인이 되고 있으며, 성희롱으로 인한 심리적 고통, 자기 비난이 이 증상에 영향을 미친다는 의미 있는 결론을 내렸다. 또 한 가지 이 연구가 다른 연구와 차별화되는 부분은, 성희롱과 섭식 장애와의 관련성이 성별에 따라 달라진다고 밝혔다는 데에 있다. 성희롱이 남성 중심적인 사회에서 남성보다는 여

---

1 Gutek, B.(1985), *Sex and the workplace, San Francisco*: Jossey–Bass; Mc-Cormack, L.(1985), "The sexual harassment of students by teachers: The case of students in science", Sex Roles, 13, pp.21~32; Safran, C.(1976), "What men do to women on the job: A shocking look at sexual harassment", Redbook, 10, pp.148~149; Silverman, D.(1976~1977), "Sexual harassment: Working women's dilemma", *Quest and Feminist Quarterly*, 3, pp.15~24(Dansky & Kilpatrick, 1997 : 162에서 재인용).

성에게 더 큰 영향을 미치는 것처럼, 구체적인 증상으로 나타나는 영향도 남성보다 여성에게 더 크게 나타난다고 증상에서의 성별화된 차이를 설명한다.[2] 이 연구는 성희롱 피해자에 대한 효과적인 치료뿐만 아니라, 성별화된 섭식 장애 증상을 줄이기 위해서는 개인적 차원의 치료보다 여성에 대한 폭력을 증가시키는 사회 조건을 바꾸는 것이 필요하다는 시사점을 던져주었다.

일반적으로 성희롱으로 인한 정신적인 피해는 외상 후 스트레스 장애로 잘 알려져 있다. 성희롱 피해자 중에서 많게는 약 3분의 1에서 10분의 1 정도가 외상 후 스트레스 장애 증상을 보인다고 설명하고 있다(Dansky & Kilpatrick, 1997; Fitzgerald, Drasgow, et al., 1997).

외상 후 스트레스 장애(PTSD : post-traumatic stress disorder)는 미국정신의학회의 분류 기준에 따른 심리장애 중의 하나로, 일

---

2 이와 비슷한 연구로는 Parker와 Griffin(2002)의 연구를 들 수 있다. Parker와 Griffin은 성희롱(gender harassment)이 과다노동 수행(overperformance demands : OPD)을 야기하며, 이로 인해 정신적(심리적) 고통을 낳게 하며, 성별에 따라 다른 결과가 나타났다고 분석한다. 즉, 남성에게는 이러한 연관이 여성에 비해 적게 나타났다는 점이다. 이를 통해 남성에게는 성희롱이 의미있는 OPD 요인이 아니라고 결론을 내렸다(Parker & Griffin, 2002).

상적인 인간의 경험의 범위를 넘어선 심리적 스트레스를 주는 사건을 경험한 후에 일어나는 일련의 만성적인 심리적, 행동적, 인지적, 생리적 증상들을 일컫는다.[3] 이 증상은 1988년 미국 여성건강연구원에서 성희롱 피해로 보고된 플래시백, 수면 방해, 감정의 마비와 같은 영향을 설명하기 위해 주로 사용되었고, 이러한 부정적 영향이 성희롱 사건 발생 후 평균 11년 정도까지 지속될 정도로 그 정신적 피해가 크다고 설명한 바 있다.[4]

통상 업무상 재해와 관련된 판례에 따르면 "의학상 발병 및 원인이 밝혀지지 않은 질병에까지 인과관계를 추단하기 어렵다"[5]

---

3 Kilpatrick, D. G., Saunders, B. E., Veronen, L. J., Best, C. L., & Von, J. M.(1987), "Criminal Victimization: Lifetime prevalence, reporting to police, and psychological impact", *Crime and Delinquency*, 33, pp.479~489(조은경, 1995 : 79에서 재인용).

4 Gutek, B. A., & Koss, M. P.(1993), "Changed women and changed organization: Consequences of and coping with sexual harassment", *Journal of Vocational Behavior*, 42, pp.28~48; Koss, M. P.(1990), "Changed lives: The psychological impact of sexual harassment", In M. Paludi(Ed.), *Ivory Power: Sex and Gender Harassment in Academia*(pp.73~92), Albany, NY: SUNY Press(Dansky & Kilpatrick, 1997에서 재인용).

5 "산업재해보상보험법 제4조 제1호에서 말하는 '업무상의 재해'라 함은 근로자가 업무 수행 중 그 업무에 기인하여 발생한 근로자의 부상·질병·신체장애 또는 사망을 뜻하는 것이므로 업무와 재해 발생 사이에 인과관계가 있어야 하고 … 이 정도에 이르지 못한 채 **막연히 과로나 스트레스가 일반적으로 질병의 발생·악화에 한 원인이 될 수 있고 업무**

고 하고 있어서 산재보상 시 업무상 재해 여부의 판단은 의학적인 소견이나 진단이 사실상 중요한 근거가 되고 있다. 산업재해를 판단하는데 있어서 의학적 객관화를 갖추기 위한 연구 작업이 중요함에도 불구하고, 주로 남성 노동자와 전통적인 직종, 굴뚝산업 중심의 선행 연구들이 많았다. 그로 인해 여성 노동자의 건강 문제는 부차적인 관심에 머물거나, 연구가 별로 없어서 여성의 건강 문제를 직업과 무관하게 보거나 문제화하지 않는데에 영향을 주었다.

성희롱에 대한 전문적인 진단과 피해를 검토할 만한 지식이 축적되지 않은 상태에서 성희롱의 산업재해 판단은 소극적으로 이루어질 수밖에 없다. '아동 성폭력'에 대한 우리 사회의 관심 속에서 이에 대한 전문가의 진단, 치료가 필요하다고 지적되어 아동 성폭력의 피해를 공론화하고 있는 것과 마찬가지로, "병원에 가도 그 원인을 알 수 없다"는 성희롱 피해자의 후유증과 고통도 의학, 심리학 등 여러 분야의 전문가들이 국내·외의 피해 사례와 연구 결과 등을 수집하고 진단할 수 있는 자료를 축적해

수행 과정에서 과로를 하고 스트레스를 받았다고 하여 현대의학상 그 발병 및 악화의 원인 등이 밝혀지지 아니한 질병에까지 곧바로 그 인과관계가 있다고 추단하기는 어렵다고 할 것이다"(대법원 1998.5.22. 선고 98두4740 판결 등 참조, 인용자의 강조).

나갈 필요가 있다.

성희롱의 피해에 대해 전문적인 지식이 있는 의사가 있다면, 피해자가 겪는 증상에 대해 더욱 수월하게 접근할 수 있을 뿐 아니라 피해자가 이를 말하기도 쉬울 것이다. 증상의 원인을 하나부터 열까지 말하지 않아도 성희롱 피해에 대한 관련 지식이 형성되어 있다면, 피해자가 자신의 피해를 설명하지 못하더라도 이것이 피해를 입증하는 데에 큰 어려움이 되지는 않을 것이기 때문이다.

2
여성의 경험으로
판단 기준 다시 보기

1) 판단 기준으로서의 '확실성'과 '엄밀성'

성희롱 피해를 객관화하여 설명하기 어려운 이유로는 산재
보상법 및 산업안전보건법에서 다루는 산업재해가 '확실성(cer-
tainty)'과 과학적 '엄밀성(rigor)'이라는 방법론에 입각해 있기 때
문이다. 일반적으로 산업재해 조사에서 확실성과 엄밀성은 병
리학의 원칙에 의한 의학적 증언과 과학적 연구로 제시된다. 여
기서 확실성, 엄밀성은 병리학(pathology), 의생태학(epidemiol-
ogy)에서 주로 사용하는 5% 수준의 통계적 '유의성'이라는 양적
방법에 의해 발병과 위험도를 측정하는 것을 의미한다(Messing,
1998 : 76~77). 따라서 산재보상에서 의사의 인과관계 판단은

"병리학적 연구에 의해 인과관계를 확증하기 전까지는 확실하다고 판단하지 않는"(Lippel, 1995 : 270) 입장에 가깝다.

이러한 의학적 기준에 따른 확실성은 법적인 기준보다 더 엄격하여, 산업재해에서 확실성을 판단할 때 법과 의학 분야에서 해석의 차이가 나타나기도 한다(Lippel, 1995 : 270). 캐나다 대법원은 산재보상법에서 법과 의학의 확실성에 대한 입장의 차이에 대해 다음과 같이 지적한 바 있다.

> 따라서 의학 전문가가 원고의 인과관계 이론을 지지하는 분명한 의견을 제시하는 것은 본질적이지 않다. 의학 전문가는 일상적으로 확실성으로 인과관계를 결정하지만, 반면에 법은 그보다 덜한 기준을 요구한다. 루이젤(Louisell)이 Medical Malpractice, vol.3에서 지적한 '합리적인 정도의 의학적 확실성에 의한 의견에서' 라는 문구는 종종 오해된다. 저자는 "많은 의사들이 그 구절을 이해하지 못했다. … 그들은 확실성을 100퍼센트 확실한 것으로 일반적으로 생각하는 반면 법이 요구하는 '합리적인' 확실성은 가능한 정도의 즉, 51퍼센트 정도면 족하다."고 설명한다.[6]

---

6 Farrell v. Snell, [1990] 2 S.C.R. 311, at 330(Lippel, 1995 : 270에서 재인용).

이 '확실성'이라는 세계관과 과학적 엄밀성에 의한 방법론적 특권은 일과 건강 사이의 관계를 연구할 때에도 성별, 인종, 계급 등 사회적 요인에 의한 증상의 차이를 간과하도록 만들기 쉽다(Mergler, 1995; Messing, 1998). 페미니스트들은 의료 담론에서 기존 생의학적 모델을 비판하며 몸과 정신을 아우르는 보다 총체적인 접근이 필요하다고 강조해왔다. 여성 건강 문제가 여성의 열등한 지위와 성차별이라는 요소와 무관한 게 아니며, 설령 과학의 옷을 입고 있다 하더라도 거기엔 성차별이 강한 사회의 단면들을 반영하고 있기 때문이다(오조영란, 1999).

산업재해 여부를 판단하는 전문가는 현실의 위험요인을 고려하면서도 과학적 확실성을 더욱 강조하는 태도를 견지한다. 그래서 증상보다는 병리학을, 연구에서 작은 샘플보다는 큰 샘플을, 경험연구보다는 통계 결과를 선호하게 된다(Messing, 1998). 따라서 인터뷰에 의한 질적 조사보다는 통계적 정확성에 의해 질병을 진단하는 것이 중요한 판단 근거가 되기 때문에, 이에 맞지 않는 경우는 산업재해로 인정하기 어렵다. 일반적인 통증은 눈으로 확인이 가능한 것이어야 하며, 정신적인 증상인 경우 주관적으로 경험되는 것이 아니라 질병으로 명명된 것이어야 한다. 이러한 방법으로는 추락, 충돌, 붕괴 등의 전통적인 산업재해를 판정하는 데에는 별 어려움이 없지만 사무직, 서비스직, 보살핌 노동을 주로 하는 여성에게 많이 나타나고 있는 스트레스 질환과 같이 가시적으로 보이지 않는 증상을 산업재해로 판단하기 어렵다. 정신질환의 경우, 수치에 의한 엄밀성과 가시적인 확실성이라는 기존 의학적 방법에 의해 "객관적으로" 측정하는 것이 어렵기 때문이다(Lippel, 1995 : 272). 따라서 이 기준으로 판단이 불가능한 범위의 산업재해는 그 적용 범위에서 제외되어, 실질적인 산업재해 인정과 보상의 범위는 축소될 수밖에 없다. 많은 경우, 여성이 겪는 산업재해가 이러한 기준에 의해 삭제되거나 누락되어 존재하지 않는 것으로 가정되기 쉽다.

이렇게 산업재해 인정이 협소하게 적용되는 경우, 여성은 실질적인 차별을 받을 수밖에 없다. 직종별로 보면 남성은 가시적인 사고 위험에, 여성은 장기적으로 나타나는 직업병에 노출될 확률이 높게 나타난다. 그러나 만성적인 직업병, 스트레스 문제는 실질적으로 측정되기 어렵기 때문에 산재보상 범위에서 제외되기 쉽다. 메싱(1998)은 성별 분업에 의한 노동의 평가절하로 인해 여성의 일이 남성의 일보다 가벼운 노동으로 인식되는 것처럼, 여성의 건강 문제도 남성의 건강 문제에 비해 가벼운 문제로 치부되는 경향이 있다고 지적하였다. 여성 노동자의 건강 문제가 대체로 '가벼운(light)' 증상으로 간주된다면, 실제로 존재하는 건강 문제조차도 은폐될 수 있다. 이로 인해 산업재해를 입었음에도 불구하고 적절한 피해 구제를 받을 수 없는 실질적인 차별이 지속될 수밖에 없다.

직장 내 성희롱은 신체화 장애나 후유증 같은 피해가 심각하게 나타남에도 불구하고 아직까지 의학적 객관화에 도달하는 방법론적 한계와 그로 인한 실질적인 산재 인정 범위가 협소하게 적용됨에 따라 피해 구제를 받지 못하는 대표적인 사례라고 볼 수 있다. 아직까지 사회에서 폭력과 피해를 설명하는 언어체계가 남성 중심적으로 구축되어 있고, 이를 측정하는 방법론적 엄밀성으로 인해 여성이 구체적으로 어떤 피해를 경험하는지 가시적으로 드러나거나 이를 설명하는 데에 한계가 있다. 성희롱과 같은 '비물리적인' 폭력에 대해 여성이 보이는 반응과 피해는 현재 '물리적' 폭력에 대한 피해를 설명하는 혹은 설명해야 하는 기존의 언어체계 안에서 실질적인 불이익, 피해의 내용을 '입증'하지 못한다는 이유로 충분히 말해지지 못했다. 그래서 심각한 증상이 확실한 병리학적 기준에 미치지 못하는 경우, 이를 고려하지 못하는 것이다.

　이러한 현실을 해결해나가기 위해 현재의 기준에 맞춰야 할 것인가, 아니면 현 제도의 한계를 극복할 수 있는 새로운 방법을 찾을 것인가를 생각해보아야 한다. 이미 미국과 캐나다 등 몇몇 국가의 산재보상 및 예방 정책은 기존의 기준에 맞추기보다는 새로운 문제를 해결하는 방향으로 나아가고 있다. 예를 들어, 스트레스성 질환에 대한 산재 적용 기준이 기존의 내용만으로는 부적절하다고 보고, 인터뷰를 통해 작업환경의 일반적이지 않은 요인에 의한 것인지 여부에 따라 스트레스성 산업재해를 판단하고 있다(Lippel, 1995). 물론 이것 역시 명확한 기준이 아니라 해석과 판단에 따라 달라질 수 있기 때문에 판단하는 주체의 관점과 태도가 문제될 수 있다. 하지만 산업재해를 판단하는 새로운 방법에 대해 기존 정책과 제도의 한계를 인식하고 실질적인 산업재해를 적용할 수 있는 제도적 가이드라인을 고민하는 시도라는 점에서 의미가 있다.

우리 역시 직장 내 성희롱 피해와 같이 드러나지 않는 피해를 산업재해로 인식하기 위해서는 현재의 판단 기준을 비판적으로 검토할 필요가 있다. 의학적 평가, 진단은 수치, 통계에 의한 과학적 객관성에만 매몰될 게 아니라 실제 피해를 위주로 이루어져야 한다. 그리고 이를 위해서는 피해에 관해 의학적인 연구와 함께 인터뷰나 질적 연구 방법 등을 활용하여 실제 존재하는 문제에 접근해야 한다. 피해자의 경험에 맞춰 기존의 엄격한 산업재해 판단 기준을 수정하는 것이야말로, 드러나지 않고 은폐되었던 여성의 산업재해를 가시화시키고 산업재해에 대한 인식 자체를 변화시키는 조건이 될 것이다.

3

정신장해가 노동 수행에 미치는
영향 드러내기

직장 내 성희롱 피해는 사건의 발생에 국한되지 않고 사건 이후에까지 지속적으로 나타난다. 피해자가 성적 요구를 거절하거나 불쾌감을 표시하면 즉시 해고되거나 스스로 퇴사하도록 갖은 괴롭힘을 당하는 등으로 인한 정신적 고통은 노동 수행 능력에 영향을 미친다. 이렇게 성희롱 피해자는 성희롱 사건 이후 유·무형의 불이익으로 인한 정신적 고통에 시달리다 못해 직장을 '자발적으로' 그만두는 경우가 많다. 사건을 문제 제기한 이후 피해자 비난으로 인한 적대적인 직장 분위기로 인해 "문제 제기한 내가 좀 이상한 사람인가, 너무 예민하게 반응해서 별거 아닌 거 가지고 문제를 크게 만든 걸까?"라는 자책에 시달리기도 하며, "일하는 공간에서 절대 다수의 사람들이 자신을 지지해주지 않는다는 사실"을 느낄 때 겪는 정신적인 고통은 보통 사람이면 견디기 힘든 일일 것이다.

이처럼 성희롱 사건과 그 후 주변의 적대적인 환경으로 인해 피해자가 정상적으로 업무를 수행하기란 그만큼 힘들다. 실제로 한 연구에 따르면 성희롱 이후 피해자는 후유증으로 인해 노동 의욕의 저하, 잦은 결근, 직무만족도 저하, 노동 수행 능력 감소, 대인관계 기피 등 업무 수행에 있어서 어려움을 겪는다고 보고되어 있다.[7] 이런 피해가 장기화되면 될수록 자신의 업무에 대한 숙련이나 노동 수행 능력에도 부정적인 영향을 미칠 것이다. 1991년 유럽공동체의『직장 내 성희롱에 대처하기 위한 행동규범』에서는 직장 내 성희롱이 근로자에 미치는 영향을 "성희롱은 노동환경을 오염시키고, 피해자의 건강, 신뢰, 도덕, 노동의 성과에 파괴적인 영향을 미칠 수 있다. 성희롱에 따라 야기되는 불안과 스트레스는 통상 피해자의 병가나 노동능력의 저하, 이직으로 연결된다."라고 명시하고 있다. 이는 성희롱의 피해를 매우 구체적으로 언급함으로써 직장 내 성희롱이 개인의

---

7 Gutek, B., & Koss, M.P.(1993), "Changed Women and Changed Organizations : Consequences of and Coping with Sexual Harassment", *Journal of Vocational Behavior*, 42, pp.28~48(Paludi, M. A. 외, 1999 : 134에서 재인용).

제4장 직장 내 성희롱, 산업재해로 적용하기 위한 조건

노동에 심각한 영향을 미치는 노동권의 문제임을 보여주는 것이다.

정신 질환에 대해 산업재해로 인정하는 기준이 체계적으로 갖추어져 있지 않기 때문에, 정신장해의 경우 중추신경(뇌)계 장해, 척수 장해, 말초신경 장해 등으로 나뉘어 신체적 능력 또는 정신기능의 현저한 손상이나 마비와 같이 심각한 정도가 아니면 장해등급의 판정을 받을 수 없다. 명백하게 심한 경우가 아니면 정신 질환은 증상을 판단하는 사람에 따라 결과가 달라질 수 있기 때문에 극심한 정도에 이르렀을 때에만 적용되기 쉽고, 성희롱과 같이 '경미하다'고 인식되어 있는 사고 후 증상에 대해서는 아예 장해등급 산정에 고려조차 되지 않고 있다. 실제로 정신질환으로 장해등급을 받은 경우는 거의 없을 정도로 이 기준은 형식적일 뿐 실효성이 없다고 볼 수 있다. 따라서 정신 질환 및 후유증에 의한 노동능력의 저하, 상실 정도를 고려하는 실질적인 적용 방법이 필요하며, 노동 상실률을 신체적 장해뿐만 아니라 정신적인 장해에 대해서도 적용할 수 있는 체계적인 방법을 마련해야 한다.

4

'산업안전'의 여성주의적 재구성,
여성의 경험을 반영한 적극적 조치

　직장 내 성희롱은 여성 노동자에게 많이 발생하며 그로 인한
피해가 상당한 정도에 이르지만, 드러나지 않는 현실적 조건으
로 인해 비가시화되고 있는 여성의 산업재해로 볼 수 있다. 그
러나 대부분의 산업재해가 확실하고 엄격한 기준으로 판단하고
있어서 성희롱에 의한 후유증과 같이 개인에 따라 다양한 증상
으로 나타나는 경우에는 실질적인 산업재해 적용이 어렵다. 이
같은 법 적용 현실은 산재보상과 예방체계에 있는 기준을 비탄
력적으로 운용하고 있기 때문이다. 따라서 직장 내 성희롱을 산
업재해로 보고 보상과 예방을 적용하기 위해서는 관련법에서의
근본적인 변화가 필요하다. 산재보상의 목적이 재해를 당한 근
로자를 보호하기 위한 것이라면(조보현, 2000 : 28), 직장 내 성

희롱과 같이 드러나지 않은 산업재해가 법의 적용을 받을 수 있도록 제반 조건을 수정·보완하는 작업이 구체적으로 진행되어야 한다.

산업재해 판단은 엄밀하고 확실한 의학적 판단 기준에 의해 이루어지는 경향이 있다. 통계나 기존 연구에 의해 의학적으로 객관화되어 있는 증상, 질병에 한해 산업재해가 인정되기 때문에, 거기에 미치지 못하거나 연구되지 못해서 증상에 대한 진단을 확언할 수 없는 경우에는 업무 관계로 인한 증상이라고 보기 어렵다고 하여 산업재해로 인정되지 못한다. 이렇게 협소하게 적용되는 기준은 보이지 않고 드러나지 않는 산업재해를 판단하기 위해서 완화·수정되어야 할 것이다. 통계나 기존 연구에 의해 확증되지 않는 경우에도 다른 방법을 활용하여 새로운 산업재해에 대한 연구와 관심을 갖고 이를 고려하는 접근이 필요하다. 앞에서 살펴본 바와 같이, 캐나다, EU, 미국 등 외국에서는 스트레스성 질환과 같은 새로운 산업재해 유형에 관심을 기울일 뿐만 아니라 산업구조에서 여성 노동자의 비율이 증가하면서 산업안전에 대한 성별성을 고려해야 한다는 입장을 가지고 기존 산업재해 관련 제도를 수정하고 있다. 이러한 변화는 기존의 사고성 재해와 달리 확실하게 객관화하기 어려운 직장 내 성희롱을 산업재해로 적용하는 데 긍정적인 영향을 미칠 것이다.

산업재해와 그로 인한 고통은 신체적, 정신적 건강뿐만 아니라 그로 인해 노동생산성에도 영향을 미치기 때문에 노동자의 안전은 중요한 문제로 인식된다(Hatch−Maillette & Scalora, 2002 : 287). 산업안전의 중요성이 강조되는 것도 산업재해로 인한 막대한 손실을 사전에 예방하기 위해서 기업과 정부가 이를 중요한 문제로 보고 실질적인 예방 조치를 실시하는 것이다.[8] 우리나라의 산업안전보건법은 산업재해 예방을 위해 작업장에서 잠재적인 위험성의 발견과 그 개선대책을 수립하기 위한 안전 · 보건진단에 주력하고 있다.[9] 그러나 현재 산업안전 개념은 굴뚝산업의 작업장을 반영한 물리적 기준에 대한 조사와 평가를 위주로 하고 있는 제조업 중심의 사고 속에서 나온 개념이다(한국산업안전공단, 2003). 물론 산업안전보건법의 사업주의 의

---

8 일부에서는 산업안전보건에 대한 투자를 낭비 또는 비용의 차원에서 바라보는 경향이 있다. 그러나 산재 문제는 막대한 경제적 비용을 발생시키는 문제 영역이라는 점을 인식해야 한다. 이를 위해서는 실질적인 방안이 이루어져야 하는데, 산재 예방의 영역에서 노동자들의 산재 예방 사업에 적극적인 참여를 통해 예방 시스템 내실화, 현행 산업안전보건법의 명예산업안전감독관 제도의 실질화 방안 모색, 작업중지권 등 노동자 권리를 강화하는 방안 모색, 산업안전보건교육의 내실화 등이 필요하다(유범상, 2002 : 61~63).

9 산업안전보건법 제2조(정의) 6. "안전 · 보건진단"이란 산업재해를 예방하기 위하여 잠재적 위험성을 발견하고 그 개선대책을 수립할 목적으로 고용노동부장관이 지정하는 자가 하는 조사 · 평가를 말한다.

무 조항에 "근로자의 신체적 피로와 정신적 스트레스 등을 줄일 수 있는 쾌적한 작업환경을 조성하고 근로조건을 개선할 것"이라고 정신적 스트레스 예방에 관한 내용이 명시되어 있긴 하지만, 실제로 적절한 조치 및 관리 내용이 없기 때문에 예방의 실질적인 효과를 기대하기는 어렵다.

이러한 상황으로 볼 때, 여성 노동자는 성폭력, 성희롱의 위험에 노출되어 산업재해를 입고 있음에도 불구하고 이러한 요인이 간과됨으로써 '산업안전'의 테두리에서 제외되고 있다고 말할 수 있다(한국산업안전공단, 2003). 제조업 중심의 2차 산업의 작업환경을 기준으로 한 산업안전의 개념으로는 대다수 서비스업 여성 노동자의 비가시적인 불이익이나 위험을 작업환경의 예방 조치 내용 안에 적절하게 포함하지 못하기 때문이다. 이것은 사실상 여성 노동자가 안전한 환경 속에서 일할 권리를 보장하지 못하는 결과를 초래한다는 점에서도 문제가 된다. 산업재해와 산업안전에 대한 관심이 제조업 등 특정 산업을 위주로 강조됨으로 인해 산업재해가 많이 드러나지 않은, 통계화되지 않은 직종은 관심 '밖'의 영역으로 남게 된다. 또한 전통적인 산업재해 관련 정책에서 성별이 적절히 개입되지 않았기 때문에 성별에 대한 정책적인 고려가 간과되었다.[10]

---

10 European Agency for Safety and Health at Work(2002b), "Issue 7: Preven-

이 둘이 맞물려 관심 밖의 영역에 있는 여성 노동자가 더 안전하다는 통념을 강화·재생산하기 때문에 성별화된 작업환경과 위험요인에 대한 문제 자체는 제기조차 되지 못하고 차단된다. 이는 애초에 의도하지 않았다 하더라도 산업안전 정책이 성 편향적으로 작동하여 여성 노동자의 재해를 예방하지 못하고 그대로 방치하여 문제를 지속시키는 실질적인 차별로 이어질 수 있다.[11]

따라서 여성이 안전한 작업환경에서 일할 권리를 보장하기 위해 산업안전의 개념이 여성의 경험에 기반하여 확장·재구성될 필요가 있다. 기존의 내용이 여성의 노동현실과 경험을 충분히 반영하지 않음으로 인해 실질적인 차별 효과를 낳았다면, 이러한 결과는 적극 수정해나가야 한다. 산업안전보건법 체계에

---

tion of work-related accidents: a different strategy in a changing world of work?, European Conference and Closing Event of the European Week for Safety and Health at Work 2001", *FORUM*(7), pp.5~6, http://agency. osha.eu.int/publications/forum/7/en/index.htm.

11 미국 NIOSH(National Institute for Occupational Health)는, 미국 여성이 직무 스트레스, 근골격계 질환, 폭력, 그 외 많은 직장 내 위험에 직면하고 있기 때문에 산업안전보건 전문가들이 여기에 관심을 기울여야 한다고 지적하였다(Occupational Health & Safety(2000), "NIOSH: Women Face High Risk at Work", *Occupational Health & Safety*, Sep, 2000, vol.69, Issue 9, p.12).

서 이러한 내용을 포함하는 것은 실제로 가능한 방법일 수 있다. 구체적으로, 산업안전보건법 제5조 '사업주의 의무' 조항에 사업주가 근로조건 개선을 통한 작업환경 조성을 위해 성, 연령 등 근로자 개인의 특성에 맞는 내용이 들어가는 것과 '산업보건기준에 관한 규칙'에서 직무스트레스의 예방 조치(제13장 669조[12]) 안에 작업계획, 근로시간 단축, 금연, 고혈압 관리 등 건강증진

---

12 제669조(직무스트레스에 의한 건강장해 예방 조치) 사업주는 근로자가 장시간 근로, 야간작업을 포함한 교대작업, 차량운전[전업(專業)으로 하는 경우에만 해당한다] 및 정밀기계 조작작업 등 신체적 피로와 정신적 스트레스 등(이하 "직무스트레스"라 한다)이 높은 작업을 하는 경우에 법 제5조제1항에 따라 직무스트레스로 인한 건강장해 예방을 위하여 다음 각 호의 조치를 하여야 한다.
　1. 작업환경·작업내용·근로시간 등 직무스트레스 요인에 대하여 평가하고 근로시간 단축, 장·단기 순환작업 등의 개선대책을 마련하여 시행할 것
　2. 작업량·작업일정 등 작업계획 수립 시 해당 근로자의 의견을 반영할 것
　3. 작업과 휴식을 적절하게 배분하는 등 근로시간과 관련된 근로조건을 개선할 것
　4. 근로시간 외의 근로자 활동에 대한 복지 차원의 지원에 최선을 다할 것
　5. 건강진단 결과, 상담자료 등을 참고하여 적절하게 근로자를 배치하고 직무스트레스 요인, 건강문제 발생가능성 및 대비책 등에 대하여 해당 근로자에게 충분히 설명할 것
　6. 뇌혈관 및 심장질환 발병위험도를 평가하여 금연, 고혈압 관리 등 건강증진 프로그램을 시행할 것

프로그램 등의 개선책 외에 인간관계와 성희롱 등을 명시하여 실질적인 예방 조치를 취할 수 있도록 하는 것 등이 가능하다.

산업안전 개념에 여성의 경험을 반영하는 것은 구조적으로 정착된 차별 효과를 낳는 제도를 적극적으로 교정함으로써 결과적으로 평등을 실현하는 개념상의 적극적 조치로 인식될 수 있다. 적극적 조치는 여성을 포함한 소수 집단의 실질적인 평등을 실현하기 위해 적극적으로 지원해주는 조치로서, 성차별이 관행으로 내려오면서 사회 구조적으로 정착된 차별에 대해 적극적으로 교정함으로써 과거 차별의 구제 효과와 결과적인 평등을 실현하고자 하는 제도이다(김경희, 2000 : 106~107). 산업안전에서의 적극적 조치는 직장 내 성희롱과 같이 그동안 여성 노동자에게 감추어진 문제를 드러내고 숨어 있는 원인을 찾을 때까지 안전의 개념을 적극적으로 인식해야 한다는 것을 의미한다.[13] 여성의 경험이 반영된 산업안전의 적극적 조치라는 조건이 갖추어진다면 산업재해로서 직장 내 성희롱의 실질적 예방이 가능할 것이다.

---

13 해밀턴(Alice Hamilton)의 연구는 보이지 않는 여성의 산업안전을 어떻게 접근할 것인가에 대한 좋은 사례를 보여준다. 여성이 남성보다 납중독에 더 많이 걸린다는 결과를 생물학적 차이로만 설명해왔던 기존 연구의 통념을 해밀턴은 자료를 재분석하여 여성이 낮은 임금을 받는 열악한 위치와 위험 노출과 상관성을 밝힘으로써 사회경제적 지위가 중요한 원인이라는 것을 밝혀냈다(Mergler, 1995 : 248).

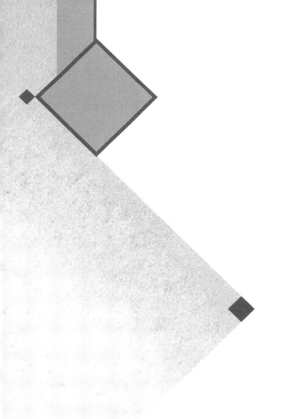

직장 내 성희롱의
산업재해 적용의 효과

직장 내 성희롱을 산업재해로 인식·적용할 때 실질적으로 가져올 수 있는 효과는 무엇일까? 직장 내 성희롱에 대한 예방과 규제가 명시되어 있지만 그 해결과 예방이 실질적인 성과를 거두지 못하고 있고 피해 구제도 충분히 이루어지지 않고 있다. 이와 같은 현실에서 이 장에서는 직장 내 성희롱을 산업재해로 인식하고 산재보상제도를 적용하는 방법이 가져다주는 효과에 대해 생각해본다.

1
직장 내 성희롱에 대한 사회적 인식 변화

 그동안 직장 내 성희롱의 고통으로 인한 피해와 후유증에도 불구하고 이와 같은 문제가 노동환경 안에서 적극적으로 해결되지 못하고 개인의 문제로 치부되어 왔다. 피해자 비난과 성희롱을 사적인 문제로 보는 가부장제 사회의 편견과 통념은 아직까지 우리 사회에 강하게 남아 있다. 그로 인해 피해자가 받는 사회적 불이익은 직장 내 성희롱 피해를 드러내지 못하게 하여 문제 자체를 제기할 수 없는 상황을 계속해서 만들고 있다. 사회적으로 이슈화되고 있는 최근 성희롱 사건을 보더라도 인터넷 상에서 공공연히 피해자 여성을 '꽃뱀'으로 칭하거나, '여성이 먼저 꼬신 것 아니냐'라며 여성에게 원인을 돌리는 피해자에 대한 비난 담론이 난무한다. 피해자인 여성에게 책임을 묻거나 남성의 성희롱 행위를 정당화하는 사회적 분위기는 과거와 크게 달라진 바 없다.

이처럼 직장 내 성희롱 피해가 드러나기 어려운 현실에서 직장 내 성희롱을 산업재해로 보는 것은, 직장 내 성희롱을 사적인 문제로 보고 피해자를 비난하는 태도와 문화를 교정하는 데에 도움이 될 수 있다. 이를 통해 노동환경에서 성희롱에 대한 문제 제기를 보다 쉽게 하는 데 영향을 미칠 수도 있다.

성폭력 생존자 말하기 대회와 같이 성폭력 피해는 드러냄을 통해 치유될 수 있다고 이야기한다. "성폭력 범죄는 100% 가해자 잘못임에도 불구하고 성폭력 생존자로 하여금 이렇게 입을 다물게 만드는 사회, 이게 바로 우리 사회이며, 반드시 변화되어야 한다는 것을 절감했다"는 한 성폭력 생존자의 이야기[1]처럼,

---

1 꽃섬(2003), 「성폭력 생존자가 말한다. 상처를 드러내는 이유」, 여성주의 저널 『일다』, 2003.11.10. 이와 비슷하게 최김희정 씨는 "피해자라는 건 우리 사회에서 감추어야 하는 사실이구나. 그러면 피해자인 나는 뭐지? 나는 숨어 살아야 하나? 무서운 덫에 걸린 듯, 창살 속에 갇힌 듯 꼼짝하지도 못하고 웅크리고 있어야 할 것 같은 느낌이었다. 거기서 뛰쳐나가고 싶었다. 피해자라는 말 자체가 가진 무게도 덜어내고 싶었다. 그래서 내가 맨 처음 여성모임에 나갔을 때 "저… 피해자인데요."라고 어렵지만 나 스스로를 소개하며 말을 시작했다. 그 말을 오히려 반복해서 함으로써, 그 언어가 가진 무게를 가볍게 하고 싶었다. 일상적인 말처럼, 그래서 심각하지 않은 사람처럼, 그렇게 해서 보통사람처럼 되고 싶

우리 사회는 마치 피해자가 죄지은 것처럼 말하지 못하게 만들어버림으로 인해, 성폭력 피해자의 입을 다물게 했고 그로 인해 피해가 드러나지 않는 사회적 분위기를 조장해왔다. 성희롱 피해가 '있다'는 사실부터 드러내는 것이야말로 피해자를 비난하는 사회적 분위기를 바꾸는 시작이다.

그중 하나로 직장 내 성희롱이 단지 추상적인 고통의 차원이 아니라 건강과 생존에 영향을 미치는 질병, 증상과 같은 가시적인 고통을 수반하는 피해라는 사실을 보이는 것은, 일반인이 생각하는 것 이상의 폭력이자 가해 행위가 될 수 있음을 보여주는 것이다. 이러한 것이 예기치 못한 상황에서 발생하는 산업재해가 될 수 있기에, 피해자는 드러내고 말할 수 있다. 직장 내 성희롱을 산업재해로 인식하는 것은 이를 피해자 개인의 문제로 환원하지 않고 가부장제 사회에서 성희롱 피해에 대해 내면화할 수밖에 없는 태도를 변화시킬 수 있다.

었다. … 피해자들의 삶이 어떠한지를 제대로 이해해주기를 바랐다. 권력을 가진 가해 남성들에 비해, 턱없이 대수롭지 않게 평가받는 피해자들의 삶이 얼마나 처절한지를 이해해주기를 바랐다. 가해자들에게 가정이 있지만, 피해자들에게도 그들을 낳아 기른 부모로 구성된 가정이 있는데, 이들의 아픔도 이해해주기를 바랐다. … 이해받고 싶었어요."라고 용기있게 자신의 피해를 드러낸 바 있다(최김희정(2003), 「성폭력, 침묵에 대한 의문」, 『월간언니네』, 2003.11. 특집).

직장 내 성희롱 피해를 산업재해로 인식함으로써 성희롱에 대한 문제를 '가볍게' 보고 침묵해왔던 우리 사회의 암묵적인 분위기에 대해 다시 한 번 경종을 울리는 기회가 될 수 있다. 직장 내 성희롱이 노동재해라는 사실을 분명히 하면 할수록 이것이 개인의 문제가 아니라 고용상의 문제로 명확히 인식하는 데에도 도움이 된다.

2

안전한 작업환경을 위한
직장 내 성희롱의 예방 효과

직장 내 성희롱을 산업재해로 적용하게 되면, 직장 내 성희롱을 노동재해로 인식함으로써 여성이 안전하게 일할 수 있는 노동환경을 위한 직장 내 성희롱의 예방이 더욱 강조될 수 있다. 산업안전의 차원에서 산업재해를 정책적, 제도적으로 예방한다는 사회적 합의가 형성되어 있듯이, 직장 내 성희롱도 산업안전 정책의 일부로 포함되어 기업에서 직장 내 성희롱을 예방하는 방안을 실질적으로 확대·마련할 수 있게 된다.

사실 직장 내 성희롱은 예방 효과가 크기 때문에 적극적인 예방이 강조되고 있다. 그럼에도 불구하고 남녀고용평등법에 제시된 사업주의 예방 의무와 노력은 실질적인 효과가 별로 없어 보인다. 물론 안전하고 평등한 환경에서 일할 권리라는 차원에서 성희롱의 예방과 금지를 위한 조치가 취해지고 있지만, 이 '안전'의 의미를 보다 적극적으로 실현하기 위해서는 산업안전 차원에서 이를 확대·적용하여 전문적인 제도와 방법을 활용할 필요가 있다. 직장 내 성희롱을 작업환경의 사회적 위험요인으로 보고 산업안전보건법에 의한 사업주의 예방 조치를 시행한 다면, 노동자의 안전을 위해 물리적 도구나 위험물질을 사전에 예방하는 것과 같은 철저한 감독과 규제 노력이 강화될 수 있다. 예를 들어, 작업환경의 관리·감독의 일부로서 물리적 요인 외에도 직장 규율, 사내 고충처리 절차, 작업 공간의 분위기, 직장 내 성별 비율 등 직장 내 성희롱을 예방하기 위한 작업환경 요인을 측정하거나 관리하는 방법도 보다 구체적으로 생각할 수 있다.

일상적인 직장 분위기 정도로 인식되던 직장 문화를 작업환 경으로 인식하게 된다면, 그간 허용해왔던 직장 내에서의 관성 화된 폭력과 차별에 대한 수정 조치를 적극적으로 취할 수 있다. 작업환경을 철저하게 관리하는 차원에서 직장 내 성희롱이 쉽게 발생할 수 있는 은어 사용, 작업 중 음주나 비공식적인 행동, 사적인 감정이나 부적절한 감정 표출을 쉽게 할 수 있는 분위기, 남성 중심적 성문화와 성차별적 분위기에 대해 사전에 예방하는 조치를 취할 수 있다(Grundmann, O'Donohue & Peterson, 1997).

그동안 '일터 같지 않은 일터', '가족적인 분위기'와 같이 노동 환경을 미화하는 단어를 사용해오면서 그 안에서 발생하는 조직 위계 서열과 권력관계에 기인한 직장 내의 여러 문제들은 은폐되어 왔다. 직장 내 성희롱 역시 조직 위계적 권력을 이용하여 일어나는 경우가 많다. 그렇기 때문에 상대방을 성적, 인격적으로 통제하기 위한 권력 행사 자체를 허용하지 않는 환경을 조성하는 것이야말로 직장 내 권력관계에 기인한 성적 언행, 폭력 자체를 사전에 예방하는 효과를 가질 수 있다. 이러한 작업 환경이 조성될 때, 피해자는 문제 제기할 수 있는 분명한 수단을 가지고 조치를 취할 수 있으며 잠재적인 가해자는 성희롱을 단념하게 되는 효과를 얻는다.

또한 산업재해 예방 정책은 일반적으로 "무재해 정책(zero accident policies)"으로 표방되어 사업주에게 산업재해 예방에 적극적인 관리와 감독의 자세를 요구한다. 직장 내 성희롱을 산업재해로 인식·적용하게 되면, 성희롱에 대해서도 기업 내에서 무재해 정책에 입각한 예방 조치가 가능하다. 무엇보다도 성희롱은 질병의 예방과 같이 사전 예방이 가능하기 때문에 철저한 예방을 강조하고 있다.

성희롱 예방을 위한 기업의 적극적인 실천 전략을 강조한 Bell, Quick & Cycyota(2002)는 그의 연구에서 기업 내에서 이를 적극적으로 알릴 수 있는 방안을 제안한다. 그 예로 'drug-free workplace'를 사내 광고, 출입구, 공공 문서 등을 통해 가시적으로 지시함으로써 직원과 구직자, 고객에게도 기업의 마약퇴치 및 예방을 분명하게 알릴 수 있는 방법을 응용하여 "성희롱 없는 회사(sexual harassment-free workplace)"를 알리는 방안이다. 산업재해 예방 정책을 직장 내 성희롱에 적용해본다면, 사업주는 성희롱 불관용 원칙(zero tolerance sexual harassment policy)을 천명하고 회사 곳곳에 "성희롱 없는 회사"라는 게시물을 부착하여 성희롱을 절대 용납하지 않는 기업 이미지를 부각할 수 있다. 기업의 성희롱 예방과 근절을 노동자뿐만 아니라 고객, 외부인에게도 알림으로써 기업은 성희롱 예방에 대한 노력을 더욱 확고히 하고, 이러한 노력은 사회적으로 긍정적인 기업 이미지를 만드는 데 도움을 준다.

남녀고용평등법에 의한 직장 내 성희롱에 대한 의무 교육 외에도 산업재해 예방을 위해 정기적으로 이루어지는 산업안전교육에 직장 내 성희롱 예방 교육을 포함한다면, 성희롱이 노동자의 안전을 위협하는 가해행위라는 점을 보다 분명히 함으로써 노동자 스스로에게도 실질적인 예방 효과를 가져올 수 있다.

3

무과실 책임으로 인한 직장 내 성희롱의 사업주 책임 강화

　산업재해는 일반적으로 사업주가 근로자의 재해에 대해 사업주의 고실·과실 여부에 상관없이 보상을 보장하는 사용자의 무과실 책임을 지우고 있다. 모든 산재보상제도가 무과실 프로그램(no-fault programs)에 입각하고 있기 때문에, 근로자는 산재보험급여를 받기 위해 고용주의 과실을 입증할 필요가 없다(전광석, 1993; 박찬임, 2002b). 따라서 산재보상보험이 사용자의 보험료를 재원으로 하고 있으므로 사용자의 입장에서는 산재보험 비용의 부담을 줄이기 위해 사전에 산업재해를 예방하기 위해 노력하게 된다. 다른 사회보험에 비해 산재보험은 상대적으로 높은 수준의 보험급여가 이루어지고 있어서, 고용주는 산재보험 비용 부담을 줄이기 위해 재해 예방을 위한 안전장비에 대해 관심을 갖게 되고, 그 결과 산업재해 발생이 감소하게 된다.

　사용자의 무과실 책임주의를 전제한 산재보상제도를 직장 내 성희롱에 적용할 경우, 사용자는 성희롱에 대한 예방에 대해서도 보다 적극적인 자세를 취할 것이다. 물론 현행법상 직장 내 성희롱에 대한 사용자의 예방 의무 조항이 포함되어 있어 사용자 책임을 규정하고 있지만, 실제로 적극적인 예방 노력을 기울이고 있다고 보기는 어렵다. 사용자가 성희롱을 하거나, 사용자의 예방이 형식적인 차원에 그치고 있는 현실에서 사용자 책임이 법제화되어 있어도 실제로 이 법이 강력하게 집행·적용되는 경우는 별로 없다고 볼 수 있다. 미국의 EEOC의 성차별에 관한 지침 중에서 성희롱에 관한 사용자 책임 조항을 살펴보면 사업주, 감독자, 대리인이 성희롱의 가해자가 되는 경우 사용자에게 성희롱의 발생을 알고 있었는지를 불문하고 일종의 무과실 책임을 부과하고 있다. 우리나라에서도 직장 내 성희롱을 산업재해의 하나로 보고 사용자의 무과실 책임을 인정한다면, 직장 내 성희롱에 대한 사용자의 예방 노력이 미흡한 현실에서 사용자가 산재보상보험의 부담을 인식하는 차원에서라도 산업재해로서 직장 내 성희롱의 예방에 더욱 신경 쓸 거라 본다.

4

실질적인 피해 구제 방안으로서
산재보상제도의 활용

산업재해를 입은 근로자는 산재보상제도에 의해 피해를 구제 받을 수 있다. 산재보상제도는 산업재해의 책임을 근로자가 아니라 기업과 정부에게 전적으로 지우도록 하여 근로자에게 신속한 피해 보상을 하는 사회보장제도의 일환이다. 산업재해보상제도는 산업재해 보상을 보다 신속·공정하게 안정적으로 지급하고 근로자의 재활 및 사회복귀를 촉진할 수 있는 법적 장치를 마련하기 위해 만들어진 사회보험 형식의 제도이다. 우리나라의 산재보험 제도는 1964년 500인 이상의 제조업과 광업을 대상으로 하여 시작되었으며, 이는 국민, 고용, 의료보험 등 다른 사회보험 중에서 가장 먼저 생겨난 보험 제도이다. 우리나라 헌법 제34조 1항, 2항에 의해 보장된 인간다운 생활과 사회보장 · 사회복지 증진을 위해 국가가 노력할 의무를 구체적으로 실현한 사회보험 제도로서, 근로자의 생존권을 보장하기 위한 목적을 갖고 있다.

근로자는 산업재해에 대한 사업주의 무과실 책임을 통해 개별적으로 사업주와 해결하는 어려움 없이 신속하고 공정한 재해보상을 받게 되어 이후의 사회복귀를 위한 최소한의 지원과 보호를 받을 수 있다. '업무상 재해'로 요양 중인 근로자는 근로기준법에 의해 해고가 제한되고 근로 관계가 지속되는 것으로 보기 때문에 안정적으로 치료와 사회복귀가 가능하다(조보현, 2000 : 199).

현재 직장 내 성희롱 피해 구제 장치로 가해자 처벌 이외에 사용자 책임을 민법상 손해배상 책임으로 물을 수 있다. 행위자 처벌 외에 사용자 책임을 묻는 것은 사용자의 예방과 주의 노력을 다하지 못한 것에 대한 책임을 묻는 것이다. 대표적으로 지난 2002년 롯데 호텔 성희롱의 사용자 책임을 '일부' 인정한 판례는 그간 불법행위 책임만을 문제시해온 것에 비해 회사의 '계약상 책임'을 다하지 못한 것을 도출했다는 데 그 성과가 있었다. 그러나 민법상 손해배상 자체의 과실책임주의와 과실상계 원칙으로 인해 피해자가 과실을 입증해야 하고 그 과정에서 자신의 과실 비율만큼 배상액에서 공제하게 된다. 또한 이와 같은 재판 과정은 오랜 시간이 걸리므로 피해자가 그 과정에 투자한

물질적, 정신적인 비용까지 고려한다면, 실질적으로 손해배상 액은 그리 크다고 할 수 없을지도 모른다.

무엇보다도 손해배상 소송을 하는 동안에도 피해자는 회사를 다니려고 하지만, 우리 사회에서 근로자가 회사를 다니면서 법적으로 회사 고용주에게 그 책임을 묻는 일은 쉽지 않은 일이다. 더욱이 남성 중심적 직장 문화에서 직장 내 성희롱에 대한 문제 제기로 사용자 책임을 묻는다면 직장 동료나 주변 사람에게 "따가운 눈총을 받거나" 시간이 지날수록 피해자가 일하기 힘들 정도로 적대적인 분위기가 만들어질 수 있다. 이러한 일련의 과정을 생각한다면, 사용자 책임을 주장하고 이에 대한 배상을 요구하는 것은 결국 내가 다니던 직장을 그만둘 각오를 하고 시작해야 하는 일이다. 고용관계를 그만두고 피해를 구제하는 것은 노동자의 생존권과 노동권의 보장 차원에서 볼 때 사실상 불이익을 감수하는 일이다. 그만큼 직장 내 성희롱에 대한 손해배상 소송의 과정은 근로 관계를 유지하면서 실질적인 손해를 구제하는 데에는 어려운 과정이라고 볼 수 있다.

사실 직장 내에서 피해자에 대한 권리 구제가 충분히 이루어질 수 있다면, 피해자는 소송을 피하고 다른 구제 방안을 찾을 것이다. 그런 차원에서 볼 때, 산재보상에 의한 피해 구제는 안정적이고 신속한 방식으로 사용자 책임을 인정하고 집행하는 장치로서 근로자가 근로 관계를 지속시키면서 피해 부담을 최소화할 수 있다는 장점이 있다. 산재보상제도 취지에서 보듯이, 이 제도는 책임 여부에 대한 사용자와 근로자 간의 대립과 분쟁 자체를 제거하여 신속한 배상을 받을 수 있고, 상대적 약자인 근로자가 법률적 분쟁으로 인한 경제적, 심리적 부담을 피하고 고용관계를 유지하면서 행정절차로 피해를 구제받는 것을 목적으로 하고 있다. 이런 점에서 볼 때, 직장 내 성희롱의 산재보상은 사용자 책임과 민사상 손해배상 과정을 둘러싸고 실제로 조직 내에서 받는 불이익이나 고용차별을 경감하는 효과를 가질 수 있으며, 피해자에게는 신속하고 실질적인 피해 구제를 가능하게 해주는 제도로 활용될 수 있다.

그렇다면 산재보상을 통한 직장 내 성희롱의 피해 구제 내용은 구체적으로 어떠한가. 산재보험은 장해, 사망, 의료비 등에 기인한 소득의 손실과 같은 객관적인 경제적 손실에 대해서만 보상하는 것을 원칙으로 하고 있어서(박찬임, 2002b), 치료비에 해당하는 요양급여, 일시 장해에 의한 휴업급여, 영구 장해에 의한 장해급여, 사망에 대한 현금급여 등을 받을 수 있다. 이 중 요양급여는 근로자의 근로능력을 회복시키는 목적으로 사용되는 의료 서비스 및 이외의 다른 전문가들에 의한 보호 및 사후 치료를 포함한 작업장에서의 치료 비용을 포함하고 있다.

성희롱 피해에 대해 이러한 보상을 공식적으로 받을 수 있다. 직장 내 성희롱 관련 문제 해결 과정에는 치료, 치유를 위한 내용이 일반적으로 간과되는 경우가 많으며, 필요한 경우에 한해 회사의 규정, 협의에 따라 유급휴가, 병가 등의 조치가 개별적으로 이루어지고 있는 게 현실이다. 이러한 상황에서 산재보상 제도는 피해자가 실질적으로 치료를 받는 데 도움이 될 것이다.

직장 내 성희롱이 근절되어야 할 행위라는 인식이 철저하여 회사에서 자체적으로 합의나 규정 마련을 통해 적절한 피해 구제가 이루어질 수 있는 분위기가 조성되어 있다면, 피해자는 자신의 성희롱 피해에 대한 고통을 숨기기보다는 근로 관계를 지속시키면서 다양한 치유책을 찾게 될 것이다. 그러나 성희롱 피해를 근로환경의 문제로 인식하지 않고 개인의 문제로 돌리며 피해자에 대해 적대적인 환경에서는 피해자가 먼저 이와 같은 피해 구제를 요구하기란 사실상 어렵다. 피해 구제 방안이 제도화되고 성희롱 피해를 산재보상에 적용할 수 있다고 인식된다면, 피해자가 자신의 피해에 대해 보다 신속하고 안정적인 방법으로 구제받을 수 있는 길이 열리게 된다.

5

성희롱 피해에 대한 치료와
후속적인 치유 노력의 확대

성희롱은 여러 신체적, 정신적인 질환을 일으킬 수 있는 문제임에도 불구하고, 그동안 이 분야에 대한 논의가 사회적 금기와 맞물려 있었기 때문에 축적된 연구가 많지 않음을 앞에서도 확인할 수 있었다. 그만큼 정신병리 현상의 배후 원인으로서 성폭력 피해에 대한 요인이 간과되어 왔다. 이러한 정보의 부족으로 인해 앞서 여러 피해자들은 자신의 피해에 대한 진단이나 치료에 대해 제대로 대처하지 못했을지도 모른다.

아직까지도 심각한 성폭력과 같은 경우를 제외하고는 성희롱 피해는 별로 드러나지 않아서 이에 대한 치료나 적절한 치유 방법에 대한 논의가 부족한 실정이다. 피해자는 대부분 성희롱 피해를 개인의 노력으로 해결해야 한다고 생각하고 있다. 피해가 드러나지 않기 때문에 치료해야 할 필요성이 간과되고 있지만, 성폭력과 같은 피해에서 치료의 개입 여부가 피해 정도에 중요한 영향을 미치는 만큼 우리는 적절하게 치료할 수 있는 방법에 대해서도 생각해볼 필요가 있다.

직장 내 폭력에 대해 위팅턴과 와이크(Whittington & Wyke, 1992)는 피해 근로자에게 지속적인 상담과 건강을 위한 치료 등이 필요하다고 강조한다. 특히 외상 후 스트레스 장애는 피해자에게 장기적으로 도움이 필요한 부분이므로, 피해자에 대한 의료적 지원, 법적 조언, 소송, 산재보상, 상담, 동료의 지원 프로그램과 같은 실질적인 권리 구제를 마련해주어야 한다고 말하고 있다. 실제로 미국 연방정부는 1985년부터 1987년까지 성희롱 문제로 치른 경제적 비용인 2억 6천 7백만 불 중에서 약 10분의 1인 2천 6백만 불을 성희롱 이후의 정신적 심리적 후유증을 치료하기 위한 비용으로 사용했다고 보고한 바 있다.[2]

직장 내 성희롱은 피해자가 정상적으로 복귀할 수 있을 때까지 다양한 치료를 받을 수 있어야 한다. 미국의 경우, 보상 급여 항목에 치료비 외에도 생계비, 직업과 심리 상담, 재활과 직장

---

2 Ellen Bravo and Ellen Cassedy(1992), *9 to 5 Guide to Combatting Sexual Harassment*, New York, John Wiley and Sons, pp.49~50(조순경, 1999 : 1에서 재인용).

복귀를 위한 비용 등을 포함하고 있어서 피해자의 치료와 복귀를 모두 고려하고 있다(Cinney, 1986). 우리나라의 산재보상 내용에서 성희롱 피해의 산재 인정이 매우 드문 현실에 비추어볼 때, 치료가 되는 정신과 진료와 심리 상담 등은 아직 보상 체계에 포함되지 않을 것이다. 따라서 보다 실질적으로 성희롱 피해를 치료할 수 있는 범위를 넓혀 산재보상 체계를 확대해나가는 노력이 필요하다.

직장 내 성희롱을 산업재해로 인식하고 그 보상 내용을 체계화하는 것은 성희롱 피해에 대한 고민을 사회적 차원에서 접근하는 조건을 마련해주는 일이다. 이러한 조건을 만들 때 피해 해결을 위한 다양한 고민들과 방법이 계발될 것이다. 실제로 성폭력 피해는 정신과적 치료같이 병리학적으로만 해결되는 게 아니라, 심리 상담, 인간관계 훈련 프로그램과 같은 다양한 치유 프로그램과 방법이 활용되어야 한다고들 이야기한다. 하지만 아직까지도 피해자들은 자신의 피해를 해결하기 위해 찾을 수 있는 방법을 그리 많이 알지 못하고 있다. 사회적으로 치료·치유에 대한 방법을 적극적으로 찾아가고 이를 실행할 때, 노동권과 건강권의 침해를 막고 실질적인 차원에서 피해자의 권리를 구제할 수 있다.

6
여성 노동자의 건강권을 위하여

이 책은 직장 내 성희롱을 피해자에 대한 비난과 개인의 문제
로 환원하려 하는 남성 중심적 성문화에 기초한 인식적인 편견
을 수정하기 위한 하나의 방안으로 피해를 드러내기 위한 조건
을 마련하고자 했다. 직장 내 성희롱의 예방과 해결은 피해가
우선 드러나야 가능한 일이다. 성희롱 피해자가 구체적으로 피
해를 말하고 피해를 드러냄으로써 피해를 해결하는 노력이 시
작될 수 있다. 피해에 대한 공적인 문제 제기는 실질적인 구제
책을 마련하게 함으로써 직장 내 성희롱 피해자들이 겪는 비가
시적인 형태의 고용차별을 막을 수 있다. 그러나 이 과정에서
피해 자체를 충분히 들여다보지 않는 것은 피해에 대한 실질적
인 구제책을 찾지 않고 피해자를 잘못 위치시켜 이들을 '피해자

제5장 직장 내 성희롱의 산업재해 적용의 효과

화' 하는 오류를 범할 수 있다.

피해가 드러나기 위해서는 피해자 자신이 직장 내 성희롱 피해에 대해서 말할 수 있는 사회적 분위기와 여건이 우선 조성되어야 한다. 미국과 같이 직장 내 성희롱에 대한 징벌적 손해배상의 적용으로 이미 피해 구제 및 예방을 중시하는 사회는 성희롱을 드러내어 말하기 쉬운 사회적 여건이 어느 정도 마련되어 있다고 볼 수 있다. 이에 비해 법적으로 직장 내 성희롱 예방 및 규제 장치가 있다 하더라도, 이를 적용하는 데 있어서 말 그대로 '폭력'이 아닌 단지 '희롱'에 불과한 것으로 해석하는 사회적 인식 즉, 남성 중심적 성문화에 기인한 법 해석체계가 강하게 작용하는 것이 우리 사회의 현 주소이다. 징벌적 손해배상제도의 적용이 아직 어려운 우리 현실에서 직장 내 성희롱을 산업재해로 개념화하는 것은 그런 점에서 완전하지는 않지만 하나의 가능한 현실적인 대안이 될 수 있다. 직장 내 성희롱을 산업재해로 인식·적용하는 것은 우리 안에 내재한 성희롱에 덧씌워진 사회적 편견과 시선을 교정하고 이를 고용상의 문제로 해결할 수 있는 정당한 조건을 마련함으로써, 직장 내 성희롱 피해자가 자신의 피해를 말하는 태도와 이를 주위에서 인식하는 태도를 변화시킬 수 있기 때문이다.

사실 이러한 문제 제기가 가장 효과적인 파장을 미칠 수 있기 위해서는 직장 내 성희롱에 대한 산업재해 보상을 집단적으로 요구하는 움직임과 같이 실질적으로 여성 노동자의 건강권을 위한 운동이 활발해지길 바란다. 법적 소송은 소송 결과의 승·패소 여부를 떠나 지금까지 제기되어오지 않았던 문제들을 공론화하고, 새로운 개념을 사회적으로 구성할 수 있는 계기를 마련할 수 있다는 점에서 중요하다(조순경, 2000 : 325). 앞으로 우리 사회에서 이를 지속적으로 문제 제기하는 과정을 통해 직장 내 성희롱의 피해를 공론화하고 산업재해로 인식·적용하는 제도적 개입과 실천이 필요하다.

마지막으로 이 책은 직장 내 성희롱 가해자 처벌 및 재발방지 조치 등과 같이 직장 내 성희롱을 사회적으로 이슈화하고 이를 해결하기 위한 그동안의 여러 노력과 함께, 추가적으로 고려할 수 있는 방안을 제안한 것이다. 직장 내 성희롱은 산업안전의 차원에서 그동안 드러나지 않았던 노동환경의 위험요인으로 새롭게 인식, 조명되어야 한다. 그리고 안전한 고용환경을 만들기 위한 문제로 더욱 명확히 위치시키고 실효성 있는 제도를 실행해나가는 것이 중요하다. 앞으로 이를 위한 실천적 논의와 제안이 더욱 활발해지길 바란다.

1. 논문 및 단행본

강동욱,「직장인의 성의식과 관련법률들의 준수실태 및 직장 내 성희롱과의 상관성 고찰」, 법조협회,『법조』539, 2001.8.

────,「직장 내 성희롱에 대한 법적 대책에 관한 고찰」, 관동대학교 사회과학연구소,『사회과학논집』제7집, 2002.1.

국미애,「직장 내 성희롱 규제의 실효성 제고를 위한 사용자 책임 강화 방안」, 이화여자대학교 대학원 여성학과 석사학위 논문, 2003.

────,『성희롱과 법의 정치』, 푸른사상사, 2004.

김경신·김정란,「직장 내 성희롱과 관련변인 분석」, 한국가정과학회,『한국가정과학회지』2(2), 1999.

김경희,「고용평등과 적극적 조치」, 조순경 편,『노동과 페미니즘』, 이화여자대학교 출판부, 2000.

김명숙,「연봉제 도입을 통해 본 능력주의에 대한 여성주의적 연구」, 이화여자대학교 대학원 여성학과 석사학위 논문, 2000.

김엘림, 「직장 내 성희롱의 법적 대책에 관한 연구」, 한국여성개발원, 『여성연구』, 1998.

─────, 「성희롱관련 법과 판례」, 중앙노동위원회, 『조정과 심판』 7호, 2001년 가을.

김영미, 「5인 미만 사업장, 비정규직 여성 노동자 관점에서 본 산재보험」, 서울노동조합, 2002.

김인숙 외, 『여성복지론』, 나남, 2000.

김정규, 「성피해의 심리적 후유증」, 한국심리학회, 『한국심리학회지』 17권 1호, 1998.

김창연, 「여성에 대한 직장 내 폭력의 은폐기제와 고용차별에 관한 연구」, 이화여자대학교 대학원 여성학과 석사학위 논문, 2003.

김호경, 『산재보험과 사회안전망─사회안전망의 효율성 제고를 위한 연구』, 한국노동연구원, 2002.

꽃 섬, 「드러내놓아 가벼워지자, 그곳에 가면 성폭력을 이야기한다!」, 『일다』, 2003.11.10(http://www.ildaro.com).

─────, 「성폭력 생존자가 말한다, 상처를 드러내는 이유」, 『일다』, 2003.11.10(http://www.ildaro.com).

노동부, 『산업재해분석』, 2002(http://www.molab.go.kr).

─────, 『성희롱사건분석』, 2002(http://www.molab.go.kr).

─────, 『2001년 산재보험사업연보』, 2002(http://www.molab.go.kr).

맹수석, 「산업재해보상보험법상 업무상 재해의 인정범위에 관한 연구」, 한국보험학회, 『보험학회지』 58, 2001.4.

박찬임, 『산재보험 적용확대 방안 연구─자영업자, 특수고용관계 종사자를 중심으로』, 한국노동연구원 산업복지연구센터, 2002(2002a).

─────, 『산재보험 제도의 국제비교 연구』, 한국노동연구원,

2002(2002b).

배지선, 「'성폭력' 개념 확장과 '성폭력' 경험 인식 과정에 관한 연구」, 이화여자대학교 대학원 여성학과 석사학위 논문, 2003.

부산여성회 고용평등상담실, 『2001년 상담사례집』, 부산여성회 평등의전화 고용평등상담실, 2001.

─────────────, 『2002년 상담사례집』, 부산여성회 평등의전화 고용평등상담실, 2002.

송민수, 「직장 내 성희롱은 왜 발생하는가? 그리고 피해자들은 어떤 어려움에 처하는가?」, 한국노동연구원, 『월간 노동리뷰』 2018.3.

심영희, 「성희롱 왜 권력의 문제인가」, 남녀고용평등을위한교수모임, 『직장 내 성희롱, 어떻게 볼 것인가? : 서울대 성희롱 사건을 계기로』(남녀고용평등을 위한 토론회 자료집), 1994.

───, 「권력 · 성 : 몸의 권리와 성 관련법의 개선안」, 조형 편, 『양성평등과 한국 법체계』, 이화여자대학교 출판부, 1996.

여성특별위원회, 『미국 EEOC 개요 및 성희롱업무처리지침』, 2000.

오정진, 『여성노동현안에 관한 국내외 판례의 동향과 과제』, 한국여성개발원, 2003.

오조영란, 「페미니즘으로 본 의료와 여성의 건강」, 오조영란 · 홍성욱 편, 『남성의 과학을 넘어서』, 창작과비평사, 1999.

유범상, 「산업재해와 지역사회의 역할-안산지역 실태조사를 중심으로」, 한국노동연구원 · 명예산업안전감독관 안산지역 협의회 · 안산경실련 공동주최, 〈산업재해에 따른 지역사회의 역할 토론회〉, 2002.12.27, 안산 서부공단 교육장, 한국노동연구원 홈페이지(http://www.kli.re.kr).

이경종, 「산업재해 보상보험의 현황과 발전방향」, 대한산업보건협회, 『산업보건』 20권, 1989.11.

이명선, 「강간에 대한 여성학적 접근 : 피해여성의 사례를 중심으로」, 이화여자대학교 대학원 여성학과 석사학위 논문, 1989.

이성은, 「직장 내 성희롱의 순응과 저항에 관한 일 연구」, 이화여자대학교 여성학과 석사학위 논문, 1995.

이재경 · 마경희, 「직장 내 성희롱 실태 및 법적 규제에 대한 조사 연구」, 이화여자대학교 한국여성연구원, 『여성학논집』 19집, 2002.12, 77~86쪽.

이혜경, 「직장 내 성희롱 예방 및 구제 방안으로서 징벌적 손해배상 제도에 관한 연구」, 이화여자대학교 대학원 여성학과 석사학위 논문, 2014.

이홍무, 「일본 노동재해보상보험의 적용」, 한국노동연구원 · 한국리스크관리학회 공동 세미나, 〈산업재해와 리스크〉, 2002.12.6, 대한재보험(주) 12층 대강당. 한국노동연구원 홈페이지(http://www.kli.re.kr).

장필화, 「직장 내 '성희롱'에 대한 이해와 대처방안의 모색 : 지침서 계발을 중심으로」, 이화여자대학교 한국여성연구원, 『여성학논집』 11집, 1994.

전광석, 「산업재해의 법적 문제」, 법과사회이론학회, 『법과사회』 7권, 1993.1.

전수경, 「산재노동자의 삶과 투쟁의 과제」, 『민중복지한마당 산재 노동자의 실태와 요구안』, 2001. 노동건강연대 홈페이지(http://www.laborhealth.or.kr).

전영실, 『직장 내 성희롱의 실태와 대책』, 한국형사정책연구원, 1999.

전희경, 「'성희롱 피해'를 재정의하기 : 문제 제기 '이후'의 피해를 어떻게 문제화할 것인가」, 이화여자대학교 여성학과 2003년 1학기 '여성노동론' 기말페이퍼, 미간행, 2003.

정양희, 「직장 내 성폭력, 놀랄 만큼 유사한 씨나리오가 있다」, (사)한국
　　　여성연구소, 『여성과사회』 제13호, 창작과비평사, 2001.

정진주, 「캐나다에서 작업환경과 산업재해보상 체계의 성 차이에 관한
　　　연구」, 한국여성학회, 『한국여성학』 15(2), 1999.

──, 「경제위기와 고용평등의 조건」, 조순경 편, 『노동과 페미니즘』,
　　　이화여자대학교 출판부, 2000.

조은경, 「강간피해의 심리적 반응에 대한 고찰」, 한국피해자학회, 『피해
　　　자학연구』, 3, 1995.4.

주영수, 「여성 노동자의 건강 실태」, 서울여성노동조합, 〈비공식부문 여
　　　성 노동자들의 노동권과 복지를 위한 대안 심포지움〉 토론문,
　　　2001.10.27, 이화여자대학교 학생문화관.

천대윤, 『성희롱 정책 — 이론과 실제』, 선학사, 1999.

최김희정, 「성폭력, 침묵에 대한 의문」, 『월간언니네』 2003.11. 언니네 홈
　　　페이지(http://www.unninet.co.kr).

최동주, 「직장 내 성희롱에 대한 법적 대책 연구」, 한양대학교 행정대학
　　　원 석사학위 논문, 2000.

최은경, 「언어 없이 말하기, 『세월』을 통해 본 성폭력 경험」, (사)한국여
　　　성연구소, 『여성과 사회』 제13호, 창작과비평사, 2001.

한국산업안전공단, 『산업재해 및 업무상질병 기록·신고/ILO 실행규정
　　　(Code of practice)』, 1996 ILO, 제네바, 1999.

──, 「미국NIOSH, 여성 근로자를 위한 안전보건 연구사
　　　업 추진」, Safety&Healthy, 미국안전협회(NSC), 2001.12. 한국산
　　　업안전공단 홈페이지(http://www.kosha.net).

──, 『2001년 산업재해원인조사』, 2002.

──, 「여성근로자의 산업안전보건정책 지원방안 토론내
　　　용」, 2003.4. 한국산업안전공단 홈페이지(http://www.kosha.net).

한국여성개발원, 『성폭력의 예방과 대책에 관한 연구』, 1992.

한국여성단체협의회, 『일하는 여성의 건강, 이렇게 지킨다』, 2001.

한국여성민우회, 『사무직 여성』, 1993.3.

─────, 『性희롱 당신의 직장은 안전합니까?』, 21세기북스, 2000.

한국여성민우회 고용평등상담실, 『2001년 상담사례집』, 한국여성민우회, 2001.

─────, 『2002년 상담사례집』, 한국여성민우회, 2002.

한국여성민우회 여성노동센터, 『남녀직장인 성의식 및 성문화에 관한 실태보고서』, 한국여성민우회, 1998.

─────, 『직장 내 성희롱 · 폭언 · 폭행 대응력 향상을 위한 지역활동가 교육』, 한국여성민우회, 2001.

한국여성민우회 외, 『직장 내 여성에 대한 폭언 · 폭행 실태와 대책 마련을 위한 토론회』 자료집, 2000.

한국여성정책연구원, 『2013년 성폭력 실태조사』, 2013.

한정자 · 김인순, 『법적 규제에 따른 직장 내 성희롱의 실태 및 개선 방안 연구』, 한국여성개발원, 2001.

형광석, 「한국의 산업재해 결정요인에 관한 연구」, 한국경제학회, 『1992년도 학술대회 논문집』, 1992.

Aaron, Titus E. & Isaksen, Judy A.(1993), *Sexual Harassment in the Work-place: a Guide to the Law and a Research Overview for Employers and Employees*, McFarland & Company, Inc., Publishers.

Aeberhard, Jane Hodges(2001), "Sexual Harassment in Employment: Recent Judicial and Arbitral Trends", In Loutfi, Martha Fetherolf(edt.),

Women, Gender, And Work: What is equality and how do we get there?, International Labour Office.

Alli, Benjamin O.(2001), *Fundamental Principles of Occupational Health and Safety*, International Labour Office.

Avina, Claudia & O'Donohue, William(2002), "Sexual Harassment and PTSD: Is Sexual Harassment Diagnosable Trauma?", *Journal of Traumatic Stress*, Vol.15, No.1, February.

Bell, Myrtle P., Quick, James Campbell & Cycyota, Cynthia S.(2002), "Assessment and Prevention of Sexual Harassment of Employees: An Applied Guide to Creating Healthy Organizations", *International Journal of Selection and Assessment*, volume 10, number 1/2, March/June.

Bennett, Lynda A. Esq.(2000), "The Aftermath of Schmidt v. Smith: Successfully Pursuing Employment Claims Under Workers Compensation Insurance Policies", http://www.lowenstein.com/new/aftermath_schmidt.html.

Cinney, James(1986), "Worker's Compensation", In Joseph LaDou, M.S., M.D. Editor-in-Chief, *Introduction to Occupational Health and Safety*, National Safety Council.

Confer, Robert G. & Confer, Thomas R.(1994), *Occupational Health and Safety: Terms, Definitions, and Abbreviations*, Lewis Publishers.

Dan, Alice J., Pinsof, Debra A. & Riggs, Laura L.(1995), "Sexual Harassment as an Occupational Hazard in Nursing", *Basic and Applied Social Psychology*, 17(4), Lawrence Erlbaum Associates, Inc.

Dansky, Bonnie S. & Kilpatrick Dean G.(1997), "Ch. 9. Effects of Sexual Harassment", In W. O'Donohue(Ed.), *Sexual Harassment* (pp.152~174), Needham Heights, MA:Vicom.

Doyal, Lesley(1995), *What Makes Women Sick -Gendered and the Political Economy of Health*, Macmillan Press ltd..

European Agency for Safety and Health at Work(2002a), "The Changing World of Work Trends and Implications for Occupational Safety and Health in the European Union"(2002/03/14), *FORUM*(5), http://agency.osha.eu.int/publications/forum/5/en/index.htm.

─────────────────────(2002b), "Issue 7-Prevention of work-related accidents: a different strategy in a changing world of work?, European Conference and Closing Event of the European Week for Safety and Health at Work 2001", 28/05/2002, *FORUM*(7), http://agency.osha.eu.int/publications/forum/7/en/index.htm.

Fitzgerald, Louise F., Swan, Suzanne & Fischer, Karla(1995), "Why Didn't She Just Report Him? The Psychological and Legal Implications of Women's Responses to Sexual Harassment", *Journal of Social Issues*, Vol.15, No.1.

Fitzgerald, L. F., Swan, Suzanne & Magley, Vicki J.(1997), "Ch.2. But was it really sexual harassment? Legal, behavioral, and psychological definitions of workplace victimization of women", In W. O'Donohue(Ed.), *Sexual Harassment*, Needham Heights, MA:Vicom.

Friedman, Joel, Boumil, Marcia Mobilia, & Taylor, Barbara E.(1992), *Sexual Harassment*, 우영은 옮김(1994), 「이것이 성희롱이다」, 여성사.

Gati, A., Tenyi, T., Tury, F. & Wildmann, M.(2002), "Anorexia Nervosa

Following Sexual Harassment on the Internet: A Case Report", *International Journal of Eating Disorders*, 31(4), 2002, May.

Goldenhar, Linda M., Swanson, Naomi G., Hurrell, Jr. Joseph J., Ruder, Avima & Dddens, James(1998), "Stressor and Adverse Outcomes for Female Construction Workers", *Journal of Occupational Health Psychology*, vol.3, Issues 1, January, 1998.

Grundmann, Elizabeth O'Hare, O'Donohue, William & Peterson, Scott H.(1997), "The Prevention of Sexual Harassment", *Sexual Harassment* ch. 10. In W. O'Donohue(Ed.), Sexual Harassment, Needham Heights, MA: Vicom.

Gutek, Babara A. & Dunwoody, Vera(1987), "Understanding Sex in the Workplace", In Ann H. Stromberg, Laurie Larwood, Babara A. Gutek, *Women and Work: An Annual Review*, Vol.2, Sage Publications.

Hatch−Maillette, Mary A. & Scalora, Mario J.(2002), "Gender, sexaul harassment, workplace violence, and risk assessment: Convergence around psychiatric staff's perceptions of personal safety", *Aggression and Violent Behavior*, 7(2002), Pergamon.

Harned, M. S. & Fitzgerald L. F.(2002), "Understanding a Link Between Sexual Harassment and Eating Disorder Symptoms: A Mediational Analysis", *Journal of Consulting & Clinical Psychology*, 70(5), 2002, Oct.

Health and Safety Executive(1999), *Violence at Work: A Guide for Employers*, HSE Book UK.

Helper, Alison A.(2000), Women in Labor: mother, medicine, and occupational health in the United States, 1890~1980, Ohio State University Press.

Kowloon(1992), "Sexual Harassment at Work", *Women's International Network News*, Winter 92, Vol.18.

Ladou, Joseph & Phares, Mary(1986), "9. Women in the Workplace", In LaDou, Joseph M.S., M.D. Editor-in-Chief, *Introduction to Occupational Health and Safety*, National Safety Council.

Leigh, J. Paul, Markowitz, Steven, Fahs, Marianne & Landrigan, Philip(2000), *Costs of Occupational Injuries and Illness*, The University of Michigan Press.

Lippel, Katherine.(1995), "Watching the Watchers: How Expert Witnesses and Decision-makers Perceive Men's and Women's Workplace Stressors", *Messing, Karen, Neis, Barbara and Dumais*, Lucie(edited), Invisible, gynergy books.

Mackinnon, Catharine A.(1979), *Sexual harassment of working women: a case of sex discrimination*, Yale University Press.

Martin, Emily(1987), The Women in the Body, Beacon Press, In Katie Conboy, Nadia Medina, and Sarah Stanbury(1997), *Writing on the Body: Female Embodiment and Feminist Theory*, Columbia University Press, 고경하 외 편역, 『여성의 몸 어떻게 읽을 것인가?: 성의 상품화 그리고 저항의 가능성』, 한울.

Mergler, Donna(1995), "Adjusting for Gender Differences in Occupational Health Studies", Messing, Karen, Neis, Barbara and Dumais, Lucie(edited), *Invisible*, gynergy books.

Messing, Karen(1998), *One-Eyed Science: Occupational Health and Women Workers*, Temple University Press. 캐런 메싱(2012), 정진주 외 편역, 『반쪽의 과학: 일하는 여성의 숨겨진 건강 문제』, 한울아카데

미].

Moss, Nancy E.(2002), "Gender equity and socioeconomic inequality: a framework for the patterning of women's health", *Social Science & Medicine*, 54, Pergamon.

Nagasaila, D.(1991), "Sexual Harassment as Sex Discrimination," *Economic and Political Weekly*, Vol.26, No.34, pp.1965~1967.

Nelson, Lin(1992), "Women's Occupational Health and Workplace Politics", *Environmental Action*, summer92, vol.24, Issue2.

NIOSH(1999), Stress at Work, *National Institute for Occupational Safety and Health*, http://www.cdc.gov/niosh.

Occupational Health & Safety(2000), "NIOSH: Women Face High Risk at Work", *Occupational Health & Safety*, Sep, 2000, vol.69, Issue9.

Paludi, Michele A.(1999), *The Psychology of Sexual Victimization: A Handbook*, Greenwood Press.

Paludi, Michele A., Defour, Darlence C., Attah, Kojo & Batts, Jennifer(1999), "Sexual Harassment in Education and the Workplace: A View from the Field of Psychology", Paludi, Michele A.(edt.), *The Psychology of Sexual Victimization: A Handbook*, Greenwood Press.

Parker, S. K. & Griffin, M. A.(2002), "What Is So Bad About a Little Name-calling? Negative Consequences of Gender Harassment for Overperformance Demands and Distress", *Journal of Occupational Health Psychology*, 7(3), 2002, Jul.

Rabinowitz, Vita C.(1996), "Coping with Sexual Harassment", Paludi, Michele A.(1996), *Sexual Harassment on College Campuses: Abusing the Ivory Power*, State University of New York Press.

Ratcliff, Kathryn Strother(2002), *Women and Health — Power, Technology,*

Inequality, and conflict in a Gendered World, Allyn & Bacon.

Richman, Judith A.(1999), "Sexual Harassment and Generalized Workplace Abuse Among University Employees: Prevalence and Mental Health Correlates", *American Journal of Public Health*, Mar 99, Vol.89, Issue3.

Richman, J. A., Shinsako, S. A., Rospenda, K. M., Flaherty J. A. & Freels, S.(2002), "Workplace Harassment/abuse and alcohol-relates outcomes: the mediating role of psychological distress", *Journal of Studies on Alcohol*, 63(4), 2002, Jul.

Swan, Suzanne Catherine(1997), "Explaining the Job-related and Psychological Consequences of Sexual Harassment in the Workplace: A Contextual Model", DAI-B, 58(06), December 1997, WOMEN'S STUDIES BIBLIOGRAPHY DATABASE.

Tong, Rosemarie(1984), "Ch.3 Sexual Harassment", *Women, Sex, and the Law*, Rowman & Allanheld Publishers.

Whittington, R. & Wykes, T.(1992), "Staff Strain and Social Support in a Psychiatric Hospital Following Assault by a Patient", *Journal of Advances Nursing*, 17, pp.480~486.

Weiss, Gregory L. & Lonnquist, Lynne E.(2003), *The Sociology of Health, Healing, And Illness*, fourth edition, Prentice Hall.

Wirth, Linda(1997), "Sexual Harassment at Work", *Eugenia Date-Bah(edited by), Promoting Gender Equality at Work*, ILO, Zed Books.

2. 인터넷 자료

1) 국내

교수성폭력피해자커뮤니티성폭력근절을바라는서강인의모임(http://cafe.daum.net/sghope)

노동건강연대(http://www.laborhealth.or.kr)

노동부(http://www.molab.go.kr)

민주노총(http://www.nodong.org)

법무법인 한강-산재은행(http://www.sanjaelaw.co.kr/compensation_04_05.htm.)

산재노동법 교실(http://www.nodong21.net/산재보험법 해설 자료)

산재보험 무료상담 산재119(http://www.sanjae119.net/insurance5.html)

언니네(http://www.unninet.co.kr)

여성주의 저널『일다』(http://www.ildaro.com)

인터넷 산재뱅크(http://www.sanjaebank.com)

중앙일보노동법률사이트(http://www.e-labor.co.kr)

통계청(http://www.nso.go.kr)

한국산업안전공단(http://www.kosha.net)

안전보건공단(http://www.kosha.or.kr)

한국여성개발원(http://kwdi.re.kr)

한국여성민우회(www.womenlink.or.kr)

2) 해외

http://www.archerlaw.com/labor_newsletters/workers_comp.html, "Worker's Compensation Insurance May Cover Discrimination and Other Employment Claims".

http://www.archerlaw.com/labor_newsletters/workers_comp.html, "Worker's Compensation Insurance Provides Coverage For Bodily Injury Caused by Sexual Harassment".

http://www.gaworkerscomp.com/wna0899.htm., Anderson, William N., Hamilton, Westby, Antonowich & Anderson, L.L.C., "Avoiding Unexpected Liability from Sexual Harassment and Workplace Violence Claims: Revealing the Full Scope of your Worker's Compensation Exposure".

http://www.insuregardenstate.com/info/hints/workcomp.htm, "You Thought Your Workers Compensation Gave You All The Protection You Need...".

http://www.lawsight.com/emplawart3.htm, "Limiting Liability For Workplace Violence".

http://library.findlaw.com, "Worker's Comp Insurance Provides Coverage For Bodily Injury Caused by Sexual Harassment".

http://ncpersonalinjurylaw.com/85work33.htm, Adams, Brent, "Worker's compensation law does not bar sexual harassment claim in federal court".

http://www.cdc.gov/niosh.

http://www.psychologyinfo.com/DJF/harassment.html, "Assessment of Emotional Factors in Sexual Harassment".

http://www.swlearning.com/blaw/cases/wisconsin_workers.html, "Wisconsin Worker's Compensation Act Exclusive Remedy for Harassment by Supervisor".

산업재해로서의 직장 내 성희롱

3. 판례

대법원 1998.5.22.선고 98두4740 판결.

대법원 1999.1.26. 선고 98두10103 판결.

대판 1995.1.24. 94누8587.

서울지방법원 2002.11.26. 선고, 2000가합57462 손해배상(기) 판결.

서울행법 2000구34224.

서울행법 판결 99구21543 선고.

4. 신문기사

「폭넓은' 산재 인정… '속좁은' 공단 심사」, 『대한매일』, 2001.7.23.

「"노조탄압으로 정신질환" 업무상 재해 첫 인정」, 『동아일보』, 2003.8.4.

「근로자 스트레스 예방 의무화」, 『문화일보』, 2003.8.13.

「직장 내 집단따돌림 피해도 산재/노동부 심사위 첫 인정」, 『세계일보』, 2000.9.19.

「직장性희롱 회사도 책임: 롯데 호텔 女직원 40명 법원서 일부승소 판결」, 『세계일보』, 2002.11.27.

「성폭력 거부감 몸이 먼저 말한다, 많은 피해자들 온몸 두드러기등 신체적 고통에 시달려」, 『여성신문』 697호, 2002.10.11.

「심층취재/과로성 재해'가 늘고 있다」, 『조선일보』, 2002.10.11.

「근로자 건강은 사업주가 챙겨야」, 『조선일보』, 2003.8.14.

「근로자 건강은 사업주가 챙겨야」, 『동아일보』, 2003.8.14.

「"당신 잘못도 있어… 용서해 주지" 회사는 성폭력 가해자편?」, 『한겨레』, 2003.7.14.

「성희롱 피해 산재승인 현대차는 피해자 원직복직에 나서라」, 『한국디지

털뉴스』, 2011.11.29(인터넷 기사).

「직장 내 성희롱 피해, 산재 인정해야, [서리풀 연구通] "성희롱은 '사회
적 위험'"」,『프레시안』, 2018.6.29(인터넷 기사).

「日, 직장 성희롱 의한 정신질환 산업재해 인정」,『경향신문』,
2005.12.13(인터넷 기사).

「직장 내 성희롱도 산재, 日 지방노동사무소 결정」,『문화일보』,
2007.5.18(인터넷 기사).

찾아보기

산업재해로서의
직장 내 성희롱

최윤정